Einsterns Schwester

leicht gemacht

3

Themenheft 2

Richtig schreiben

Herausgegeben von
Roland Bauer, Jutta Maurach

Erarbeitet von
Wiebke Gerstenmaier,
Sonja Grimm,
Martina Schramm

Cornelsen

Inhaltsverzeichnis

So kannst du mit den Heften arbeiten

Du machst alle
Seiten der Lernportion 1.

Zuerst im grünen Heft.	Dann im roten Heft.	Dann im gelben Heft.	Und dann im blauen Heft.

Danach machst du in
allen Heften die Lernportion 2.

Nun machst du in
allen Heften die Lernportion 3.

Genauso bearbeitest du
alle anderen Lernportionen.

1 Wörter in Silben zerlegen

Wörter bestehen aus **Silben**.
Jede Silbe hat einen **Silbenkern**: der Start, der Pilot, reisen.

1 Lies die Wörter.

• Start	• Pilot	• Flugplatz	• Himmel
• Wolken	• Bus	landen	fahren
• Flugzeug	• Boden	reisen	fliegen

2 Zeichne in 1 die Silbenbögen ein.

3 Markiere die Silbenkerne in 1 gelb.

4

der Boden
erlauben
Europa
fliegen
reisen
der Schalter

1 Mit Silben richtig abschreiben

So schreibe ich Wörter richtig ab:
- Ich spreche das Wort in Silben.
- Ich merke mir schwierige Stellen.
- Ich schreibe das Wort auswendig auf und spreche dabei in Silben.
- Ich zeichne die Silbenbögen ein und prüfe das Wort.

STOPP

1 Schreibe die Wörter mit Silbenbögen auf.
Achte auf die schwierigen Stellen.

Brötchen

Bananen

Milch

Äpfel

Margarine

Zucker

Kuchen

Löffel

Tasse

Brötchen,✓

der Löffel
die Tasse
die Teller
brennen
herstellen
kochen

1 Mit Silbenbögen prüfen

1 Lies den Zauberspruch.

Liebe Kinder, | 1, 2, 3, |
hier ist | eine Zauberei! |
Alle meine | Hausaufgaben |
möchte ich | jetzt fertig haben. |
Schwarze Katze, | Tintenfleck, |
leere Seiten | sind nun weg! |

2 Markiere in 1 alle Nomen gelb.

3 Schreibe den Zauberspruch aus 1 ab.

Liebe Kinder,

4 Zeichne bei 3 Silbenbögen ein.

5 Markiere bei den Nomen in 3
immer den großen ersten Buchstaben.

1 Silbenkerne einsetzen

1 Jede Silbe hat einen **Silbenkern**.
Meistens ist es ein **Selbstlaut** (a, e, i, o, u): der Ball, die Nase.
Manchmal ist es ein **Umlaut** (ä, ö, ü): der Bär, die Möwe.
Manchmal ist es ein **Zwielaut** (ei, eu, au, äu): das Haus, die Leute.

2 Ergänze die Silbenkerne.

-  S o nn e
-  R ___ k ___ t ___
-  M ___ nd
-  St ___ rn
- 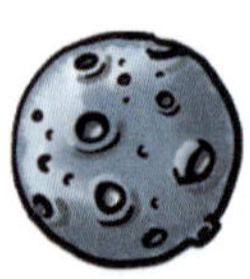 Pl ___ n ___ t
-  H ___ mm ___ l
-  R ___ msch ___ ff

3 Schreibe die Nomen aus 2 mit ihrem Artikel auf.

die Sonne, ✓

____

____

____

4 Zeichne bei den Nomen in 3 Silbenbögen ein.

1 Wörter mit -er, -el und -en schreiben

1 Lies die Wörter.

• Rätsel	• Gewitter	unter	bleiben
• Wetter	fangen	• Osten	• Westen
• Himmel	• Nebel	darüber	• Flügel
wieder	offen	über	gegen

2 Kreise in 1 die Endungen ein:
-er, **-el** und **-en**.

3 Schreibe die Wörter aus 1 mit Silbenbögen auf.

Rätsel,

4 Markiere in 3 die Silbenkerne gelb.

besser
gegen
offen
über
unter
wieder

1 Wörter schriftlich trennen

1 Manchmal muss ich ein Wort **am Ende einer Zeile** trennen, wenn es nicht mehr hinpasst: Kin-der.
Ich trenne so, wie ich das Wort **in Silben spreche.**

2 Sprich die Namen der Kinder in Silben.

Artur, Ben, Esra, Felix, Jan, Janosch,
Marie, Marlene, Max, Melina, Michel,
Moritz, Nina, Özgür, Ramona, Ronja,
Teresa, Tobias, Fatima, Kim

3 Unterstreiche in **2** alle Namen, die du trennen kannst.

4 Schreibe die unterstrichenen Namen aus **2** getrennt auf.

Ar-tur,

5 Trenne drei weitere Namen.

1 Beim Trennen Regeln beachten

❶ Schreibe die Reimwörter mit Trennstrichen auf.

singen
bringen
klingen

sin-gen,

winken
blinken
stinken

❷ Zeichne ein, wo du die Wörter trennen kannst.

Butter   Messer   Kanne   Teller   Brille   Wasser

❸ Lies Lolas Tipp.

❹ Zeichne Trennstriche ein, wo du trennen darfst.

Anton	Eva	Erkan	Finja	Mia
Jakob	Lea	Hanna	Oli	Adam
Lena	Malte	Niklas	Pia	Johann
Ida	Nino	Alex	Linda	Mirko

1 Über das eigene Lernen nachdenken

Ergänze deine erste Lernraupe.

... Wörter in Silben zerlegen.

... mit Silben richtig abschreiben.

... mit Silbenbögen prüfen.

... Silbenkerne einsetzen.

... Wörter mit -er, -el und -en schreiben.

... Wörter schriftlich trennen.

... beim Trennen Regeln beachten.

Ich fand gut, dass ...

Mir hat nicht so gut gefallen, dass ...

2 Nomen mit ä und äu ableiten

↯

1 Ich schreibe ein Wort mit **ä** oder **äu**, wenn ich es von einem verwandten Wort mit **a** oder **au ableiten** kann.

 das Äffchen ↯ der Affe 

 die Fäuste ↯ die Faust 

2 Leite von einem verwandten Wort ab. Markiere wie im Beispiel.

Hände

die Hände ↯ die Hand

Zähne

Zäune

Nägel

Gläser

Häuser

Blätter

Bäume

Gänse

2 Nomen mit ä und äu ableiten

1 Ergänze die Tabelle.
Markiere die Wörter wie im Beispiel.

Das ist klein.	Das ist groß.
das Gärtchen	der Garten
das Täschchen	
	der Wald
	das Lamm
	die Taube
	die Katze
das Äuglein	
das Mäuslein	
das Schräubchen	

2 Findet drei weitere Wortpaare wie in **1**.

das

die Ärzte
die Gärten
die Pässe
die Städte
die Träume
die Wälder

2 Verben mit ä und äu ableiten

❶ Ergänze **ä** oder **äu**. Verbinde die verwandten Wörter.

aufr äu men	der Glanz
k___mmen	der Traum
tr___men	der Raum
gl___nzen	der Kamm

Auch für **Verben** mit **ä** und **äu** findest du verwandte Wörter, von denen du ab- leiten kannst.

❷ Schreibe die Wortpaare aus ❶ auf.

aufräumen ✓	⚡	der Raum ✓
	⚡	
	⚡	
	⚡	

❸ Unterstreiche in ❷ **ä** und **a**, **äu** und **au**.

❹

aufräumen
erklären
erzählen
glänzen
lächeln
wählen

2 Nomen mit b, d und g verlängern

↪

1 Manchmal kann ich nicht hören, wie ein **Nomen** am Ende geschrieben wird. Dann **verlängere** ich das Nomen, indem ich die **Mehrzahl** bilde.

die Bur ? (g oder k?) ↪ die Burgen also: die Burg

2 Schreibe die Nomen in der Mehrzahl und in der Einzahl auf.

der Stif✱ | der Kor✱ | das Pfer✱ | das Zel✱

das Fahrra✱ | das Sie✱ | der Zwer✱

Mehrzahl	Einzahl
die Stifte	der

3 Zeichne bei der Mehrzahl in **2** Silbenbögen ein.

2 Verben mit b und g verlängern

1 Manchmal kann ich nicht hören, ob ein **Verb** mit **b** oder **p**, **g** oder **k** geschrieben wird. Dann suche ich die **Grundform**:

sie lie▯t? (b oder p?) ↪ lieben also: sie liebt

er bie▯t? (g oder k?) ↪ biegen also: er biegt

2 Verlängere die Wörter mit der Grundform.
Ergänze dann die letzte Spalte der Tabelle.

?	Grundform	also
er bie★t	biegen	er biegt
er le★t		
sie fra★t		
sie blei★t		
er kle★t		
er schie★t		
sie sa★t		

3 Unterstreiche in 2 wie im Beispiel.

↪ er biegt
er bleibt
er lebt
er schiebt

2 Adjektive verlängern

1 Manchmal kann ich nicht hören, ob ein **Adjektiv** mit **b** oder **p**, **g** oder **k**, **d** oder **t**, geschrieben wird. Dann setze ich ein **Nomen** dahinter.

Beispiel: wil ? (d oder t?) ↪ das wilde Tier   also: wild

2 Ergänze passend.

Das Kind ist krank. das kranke Kind

Der Ball ist run____. der ________ Ball

Der Drachen ist bun____. der ________ Drachen

Die Blume ist gel____. die ________ Blume

Der Mann ist klu____. der ________ Mann

Die Frau ist al____. die ________ Frau

3 Zeichne bei 2 wie im Beispiel Silbenbögen ein.

↪ klug
rund

2 Wörter mit doppeltem Mitlaut verlängern

1

Manchmal kann ich einen **doppelten Mitlaut** schlecht hören.
Dann hilft das **Verlängern.**

Nomen:	Adjektiv:	Verb:
Stamm ↪ die Stämme	dünn ↪ ein dünner Mann	kommt ↪ kommen

2 Verbinde passend.

Kamm	↪ die Küsse
Kuss	↪ die Kämme
glatt	↪ volle Gläser
voll	↪ glatter Boden
rennt	↪ schaffen
schafft	↪ rennen

3 Schreibe die Paare aus **2** auf.

Kamm ↪ die Kämme. ✓

4 Setze in **3** Punkte unter die kurzen Selbstlaute.
Zeichne Silbenbögen ein.

2 Wörter mit doppeltem Mitlaut verlängern

↪

1 Lies den Text mit den Lücken.

Niko schwi mm t nicht gern!

Er hat Angst und hält sich an seinem Bre____ fest.

Er möchte am liebsten gehen,

wenn die Stunde begi____t.

Seine Lehrerin ke____t ihn gut und hilft ihm.

Es ist wichtig, dass er nicht alles verpa____t.

Jetzt kla____t es schon viel besser.

In den Ferien war er am Meer.

Da ist Niko mit Papa ins Wasser gesprungen.

Das Gefühl war to____!

2 Setze in 1 die fehlenden doppelten Mitlaute ein.

nn | ll | pp | ~~mm~~ | tt | ss | nn

3 Schreibe die ergänzten Wörter aus 1 mit der Verlängerung auf.

schwimmt ↪ schwimmen,

____

____

____

____

____

↪ es beginnt
das Brett
dünn
glatt
der Kamm
sie kennt

4 Zeichne bei 3 Silbenbögen ein.

2 Über das eigene Lernen nachdenken

Ergänze deine Lernraupe.

… Nomen mit ä und äu ableiten.

… Verben mit ä und äu ableiten.

… Nomen mit b, d und g verlängern.

… Verben mit b und g verlängern.

… Adjektive verlängern.

… Wörter mit doppeltem Mitlaut verlängern.

Um konzentriert arbeiten zu können, brauche ich …

Es hilft mir auch, mich auf die Arbeit zu konzentrieren, wenn …

3 Wörter mit sch, sp und st schreiben

1 Lies die Wörter einem Partnerkind vor.
Sprich deutlich.

schwer	sparen	spielen	streiten
spucken	schwarz	schweigen	stehen
schnell	stecken	stehlen	schneiden
spinnen	stoßen	spannend	

2 Ordne die Wörter aus **1** passend ein.

STOPP

sch	sp	st
schwer ✓		

3

- beschweren
- schneiden
- schweigen
- schwimmen
- sparen
- streiten

3 Wörter mit Qu oder qu schreiben

M

1 Schreibe die Wörter passend unter die Bilder.

STOPP

Quadrat | Quelle | Quirl | Quittung | Quader

Quark | Qualle | Quartett | Qualm

Quadrat ✓

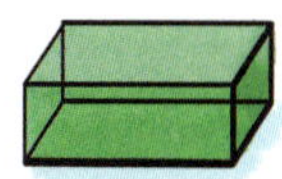

2 Bilde die Verben und schreibe sie auf.

STOPP

qu – irlen, aken

qu – atschen, asseln

qu – älen, almen

quirlen, ✓

Qualmende **Qu**adrate **qu**ietschen.

M bequem
quälen
der Qualm
das Quartett
die Quelle
quer

3 Sich Wörter mit langem i merken

M

1 Wörter mit **lang gesprochenem i** schreibt man fast immer mit **ie.**
Es gibt auch einige Wörter mit **ih,** zum Beispiel ihm, ihr, ihn, ihre.

2 Schreibe zehn Wörter mit **ie** auf.

STOPP

____

____

____

____

3 Unterstreiche in **2** immer **ie**.

4 Setze die Wörter mit **ih** richtig ein.

ihrer | ihm | ihn | ihm | ~~ihn~~ | ihre

Mein Hund heißt Bello. Ich habe ihn sehr lieb.

Ich füttere ________ und spiele mit ________.

Nach der Schule gehe ich mit ________ spazieren.

Meine Freundin hat drei junge Katzen und

________ Namen sind Mimi, Tina und Kim.

Sie liegen gerne im Körbchen

und kuscheln mit ________ Mutter.

5 Prüfe deine Lösung in **4** mit einem Partnerkind.

Wörter mit V oder v kennen

1 Manchmal höre ich in Wörtern ein **w** oder **f**, aber ich schreibe **v**.
Diese Wörter sind **Merkwörter**, zum Beispiel
Klavier, Vase … oder vor, viel …

2 Lies die Wörter mehrfach einem Partnerkind vor.
Sprich V oder v wie w.

Vase | Vanilleeis | Pullover | Klavier | Kurve

Lokomotive | Vulkan | Villa | Lava

3 Schreibe die Wörter aus 2 mit dem Artikel neben die Bilder.

STOPP

die Lokomotive ✓

die

Schau mal in einen Kalender! Dort gibt es einen Monat mit **v**!

Der Monat heißt ______.

3 Wörter mit V/v nach ihrem Klang unterscheiden

M

1 Schreibe die Wörter auf. Ergänze bei Nomen auch den Artikel.
blau = Wörter, bei denen **V/v wie f** gesprochen wird
grün = Wörter, bei denen **V/v wie w** gesprochen wird

STOPP

M bevor
brav
die Kurve
die Vase
der Verein
voll

V/v klingt wie f	**V/v klingt wie w**
vor ✓	die Villa ✓

3 Wörter mit x-Lauten unterscheiden

M

1

Der x-Laut kann verschieden geschrieben werden:
als **x**: Axt, Nixe, als **chs**: wechseln, Fuchs,
als **cks**: Klecks, als **ks**: Keks.
Die Wörter mit x-Laut sind Merkwörter.

2 Lies den Text.

Hexenküche

Hexe Mira mixt einen neuen Trank.
Für dieses Experiment braucht sie einige
exotische Zutaten: exakt elf Gräten vom Lachs,
sechs Schuppen einer Eidechse, drei Haare vom Dachs,
einen Zahn vom Fuchs, einen Eimer Wachs
und drei Becher Ochsenblut.
Ihr Kater kommt leise in die Küche geschlichen,
schnuppert und läuft schnell wieder hinaus.
Obwohl Mira auf dem Gebiet der Mixturen
eine Expertin ist, schaut sie lieber noch einmal
in ihrem Lexikon nach, damit nichts explodiert.

3 Löse die Aufgaben zu **2**.

a) Unterstreiche mit **Grün** alle fünf Tiere im Text.

b) Schreibe die Zahl mit **chs** auf. ____________

c) Unterstreiche mit **Rot** alle zehn Wörter mit **x**.

d) Finde im Text ein anderes Wort für **genau**. ____________

M boxen
explodieren
extra
links
verwechseln
wachsen

3 Über das eigene Lernen nachdenken

Ergänze deine Lernraupe.

… Wörter mit sch, sp und st schreiben.

… Wörter mit Qu oder qu schreiben.

… sich Wörter mit langem i merken.

… Wörter mit V oder v kennen.

… Wörter mit V/v nach ihrem Klang unter-scheiden.

… Wörter mit x-Lauten unterscheiden.

Es war toll, mit ____________ zu arbeiten, weil …

Mit einem Partnerkind komme ich gut voran, wenn …

4 Kurze und lange Selbstlaute unterscheiden

1

Nach einem **kurzen Selbstlaut** (a, e, i, o, u) folgen meistens **zwei Mitlaute:**

- verschiedene Mitlaute, zum Beispiel der Saft,
- zwei gleiche Mitlaute, zum Beispiel der Himmel.

Nach einem **langen Selbstlaut** folgt meist nur **ein Mitlaut:** die Rose.

2 Setze einen Punkt unter den kurzen Selbstlaut.
Kreise die folgenden beiden Mitlaute ein.

alt Tasse satt krank nett wild

Saft Kind Kanne Welt Stoff

Sonne Affe toll Mann voll

3 Kreise alle Bilder mit einem langen Selbstlaut ein.

4 Wörter mit doppelten Mitlauten ordnen

1 Lies die Wörter und zeichne Silbenbögen ein.

- Ball
- Butter
- Wanne
- Treppe

- Wippe
- Mutter
- Sonne
- Falle

- Keller
- Pfanne
- Suppe
- Wetter

2 Schreibe die Wörter aus **1** geordnet auf.

STOPP

ll der Ball ✓

nn

pp

tt

3 Setze in **2** immer einen Punkt unter den kurzen Selbstlaut.
Kreise die doppelten Mitlaute ein.

4 Ergänzt in **2** eigene Wörter mit **ll**, **nn**, **pp** und **tt**.

4 Wörter mit doppelten Mitlauten schreiben

1 Lies die Wörter.

die Treppe | nass | hell | wetten | fett | schwimmen | messen

schlapp | das Zimmer | das Wetter | kippen | der Affe

2 Schreibe die Wörter aus 1 geordnet auf.

STOPP

Nomen: die Treppe,

Verben:

Adjektive:

3 Findet zu den Nomen Reimwörter.

- Grille – Brille
- Tasse –
- Puppe –
- Fälle –
- Butter –
- Rüssel –

die Brille
fressen
gewinnen
die Nummer
sammeln
der Schatten

4 Zeichne in 3 Silbenbögen ein und markiere wie im Beispiel.

4 Wörter mit doppelten Mitlauten erkennen

1 Sprich die Wörter in Silben.

Wetter   Lappen   Teller   Messer   Löffel

krabbeln   essen   lassen   Matte   wollen

2 Setze in 1 Punkte unter den kurzen Selbstlaut.
Kreise die folgenden beiden Mitlaute ein.

3 Schreibe die Wörter aus 1 mit dem Artikel auf.
Zeichne Punkte und Silbenbögen ein.

STOPP

das Wetter, ✓

4 Schreibe die sechs Nomen mit dem Artikel auf.
Markiere den kurzen Selbstlaut und die beiden Mitlaute.

STOPP

die Brille, ✓

das Bett
dumm
fett
der Fluss
glatt
der Stamm

4 Wörter mit ck schreiben

1 **Nach einem kurzen Selbstlaut** steht **ck:**
der Wecker, backen, dreckig.

2 Finde die Reimwörter und schreibe sie auf.

backen hacken p	pflücken dr b	eckig dr sp
der Rücken die M 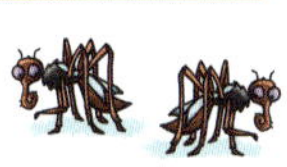	die Glocken die S 	der Stock der R 

3 Setze in 2 Punkte unter die kurzen Selbstlaute. Markiere **ck**.

4 Bilde fünf Wörter mit **eck** und schreibe sie auf. Markiere wie im Beispiel.

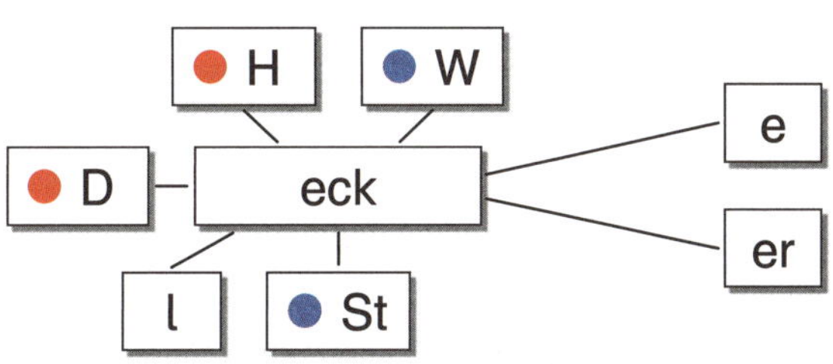

die Hecke,

dick
drücken
erschrecken
das Glück
packen
das Stück

4 Wörter mit tz üben

1

Nach einem kurzen Selbstlaut steht oft **tz**: die Katze.
Am Ende eines Wortes muss ich verlängern,
um **tz** zu hören: der Blitz → die Blitze.

2 Lies die Wörter. Zeichne Silbenbögen ein.

Netz ✶ Mütze ✶ Tatze ✶ Pfütze ✶ Sitz ✶ Spitze ✶
petzen ✶ Latz ✶ putzen ✶ Witz ✶ sitzen ✶
schützen ✶ trotzig ✶ stützen ✶ Lakritze ✶ setzen ✶
Katze ✶ Verletzung ✶ hetzen ✶ spitz ✶ kratzig ✶
Platz ✶ Schatz ✶ kratzen ✶ witzig ✶ Blitz ✶ ritzen

3 Würfle zweimal. Kreuze die gewürfelten Aufgaben an
und arbeite auf Seite 35 weiter.

- ○ ⚀ Schreibe alle Verben mit **tz** auf. Markiere den kurzen Selbstlaut.
- ○ ⚁ Schreibe alle Nomen mit **tz** auf. Markiere den kurzen Selbstlaut.
- ○ ⚂ Schreibe alle Wörter mit einer Silbe heraus.
- ○ ⚃ Ordne alle Nomen nach dem Abc.
- ○ ⚄ Schreibe fünf Reimwortpaare mit **tz** auf.
- ○ ⚅ Schreibe aus dem Gedächtnis möglichst viele **tz**-Wörter auf.

4 Schreibe die Lösungen zu 3 auf.

STOPP

5 Schreibe deine Lieblingswörter mit **tz** auf.

STOPP

- der Blitz
- das Gesetz
- der Platz
- der Satz
- der Schatz
- spitz

4 Wörter mit doppeltem Mitlaut, tz oder ck trennen

1 Wörter mit einem **doppelten Mitlaut** trenne ich **zwischen dem doppelten Mitlaut:** Pup-pe, mes-sen.
Wörter mit **tz** trenne ich so: blit-zen, put-zen.
Aber: ck bleibt immer zusammen: we-cken, Ja-cke.

2 Schreibe die Nomen mit Artikel und Trennstrichen auf.

Ma trat ze • fell zen Kat • ding Pud • cker Zu • Schne cke

die Ma-trat-ze,

3 Schreibe auch diese Wörter mit Trennstrichen auf.

die Klasse | die Socken | die Decke | das Zimmer | die Qualle
die Witze | rennen | lecken | die Tatze | die Blitze | die Mücken

die Klas-se, ✓

4 Über das eigene Lernen nachdenken

Ergänze deine Lernraupe.

… kurze und lange Selbstlaute unterscheiden.

… Wörter mit doppelten Mitlauten ordnen.

… Wörter mit doppelten Mitlauten schreiben.

… Wörter mit doppelten Mitlauten erkennen.

… Wörter mit ck schreiben.

… Wörter mit tz schreiben.

… Wörter mit doppeltem Mitlaut, tz oder ck trennen.

Ich schreibe besser, wenn …

Ich kann super schreiben, wenn …

5 Das Abc wiederholen

1 Ergänze das Abc.

A B C D ___ ___ ___ H I ___ K ___ ___ ___ ___ P

Qu ___ ___ ___ ___ ___ ___ X ___ Z

2 Schreibe den Buchstaben davor und danach auf.

H I ___   ___ O ___   ___ U ___   ___ E ___   ___ B ___

3 Schreibe die Nomen mit ihrem Artikel nach dem Abc geordnet auf.

STOPP

Berg, Ort, Netz, Erde, Zeit, Hase, Dach, Garten, Punkt, Feuer, Licht

der Berg, ✓

____

____

____

____

4 Unterstreiche in **3** immer den großen ersten Buchstaben.

5

das Hobby
der Keks
die Nixe
plötzlich
trotzdem
vorher

5 Wörter im Wörterbuch finden

1 Im Wörterbuch sind die Wörter nach dem Abc geordnet. Zuerst steht **fett gedruckt** das **Leitwort.** Dahinter stehen manchmal Nebenstichwörter:
falsch, fälschen, der Fälscher, die Fälschung.

2 Sieh dir die Seite aus einem Wörterbuch an.

Fa

F f

die **Fa|bel,** die Fabeln — Leitwort
die **Fa|brik,** die Fabriken,
der Fabrikant
das **Fach,** die Fächer,
der Fachmann (➔ Mann),
das Fachwerk (➔ Werk) — Verweis auf ein weiteres Wort im Wörterbuch
die **Fa|ckel,** die Fackeln
fad, fade
der **Fa|den,** die Fäden, — Silbentrennung
einfädeln
fä|hig, die Fähigkeit — Nebenstichwort
fahn|den, sie fahndete,
die Fahndung
die **Fah|ne,** die Fahnen
fah|ren, sie fährt, — Personalform
sie fuhr, die Fahrt, der
Fahrer, die Fahrkarte,
die Fähre, das Fahrzeug
S. 227
das **Fahr|rad,** die Fahrräder — Mehrzahl
S. 211
fair, unfair
fal|len, du fällst, sie fiel, — Vergangenheitsform
auf jeden Fall S. 227
fäl|len, er fällte S. 227
fäl|lig S. 227
falsch, fälschen, der
Fälscher, die Fälschung
die **Fal|te,** die Falten, falten
der **Fal|ter,** die Falter — Artikel
die **Fa|mi|lie,** die Familien

A B C D E F G H I J K L M N O P Q R S T U V W X Y Z

115

3 Beantworte kurz die Fragen.

a) Was ist immer **fett** gedruckt?

das ______________________

b) Was steht vor jedem Nomen?

____

c) Was steht bei jedem Verb dabei?

____

____

d) Schreibe drei Nomen in der Mehrzahl auf.

____

____

____

5 Mehrzahlformen im Wörterbuch finden

1

Wörter muss ich in der Einzahl im Wörterbuch suchen.
Mäuse finde ich unter Maus.

2 Suche die Einzahl mit dem Artikel im Wörterbuch.
Schreibe die Einzahl mit dem Artikel auf.

Mehrzahl		Einzahl
die Wörter		das Wort ✓
die Wälder		
die Schwestern		
die Bücher		
die Kämme		
die Blüten		
die Fahrräder		
die Eier		
die Züge		

5 Wörter alphabetisch einordnen

1 Ordne jedes Wort alphabetisch in den richtigen Kasten ein.

~~Fluss~~ | Europa | fühlen | Ruhe | Spaß

glauben | Pferd | Minute | Qualm | Wand

fleißig
Fluss ✓
gehen

fressen

Garten

Esel

fangen

Gewitter

halten

Riese

Sonne

See

Tafel

Messer

Nagel

Quadrat

rennen

Wald

Zimmer

Paket

quatschen

der Gott	die Götter
der Krieg	die Kriege
das Land	die Länder
das Schloss	die Schlösser
der Stoff	die Stoffe
der Wind	die Winde

5 Verbformen im Wörterbuch finden

❶ Verschiedene Verbformen finde ich im Wörterbuch immer **bei der Grundform:**
Er isst steht bei **essen** und
er rannte steht bei **rennen**.

❷ Verbinde passend.

Verbform		Grundform	→	Seite im Wörterbuch
sie sah		frieren	→	
gefroren		helfen	→	
er verzieh		sehen	→	
geholfen		sitzen	→	
er schnitt		verzeihen	→	
gesessen		schneiden	→	
er log		erschrecken	→	
sie erschrak		rufen	→	
sie riefen		lügen	→	

❸ Notiere in ❷ immer die Seitenzahl im Wörterbuch.

5 Verbformen im Wörterbuch finden

1 Suche die Vergangenheitsform der Verben im Wörterbuch.

fangen – er fing. ✓

5 Zusammengesetzte Nomen nachschlagen

1 Nomen können aus mehreren Wörtern bestehen. Ich schlage diese Wörter **einzeln** im Wörterbuch nach: Sommerferien: der Sommer + die Ferien.

2 Zerlege die Nomen in einzelne Wörter. Notiere, auf welcher Seite des Wörterbuchs du die einzelnen Nomen gefunden hast.

Die **Artikel** stehen auch im Wörterbuch!

Wiesenblume
- die Wiese →
- die Blume →

Waldweg
- der →
- →

Geldbörse
- →
- →

Schulgebäude
- →
- →

Hinweisschild
- →
- →

Gartenbank
- →
- →

5 Fremdwörter kennenlernen

1 Lies die Fremdwörter.

englisch
- Jeans
- T-Shirt
- cool
- Test

französisch
- Baguette
- Café
- Bonbon
- Saison
- Picknick
- Champignon

italienisch
- Pianist
- Produkt
- Verb

griechisch
- Symbol
- Lexikon
- Thermometer

2 Unterstreiche in 1 die Fremdwörter, die du kennst.

3 Kläre mit einem Partnerkind, was die nicht unterstrichenen Wörter bedeuten.

4 Verbinde passend.

City	Versuch
pink	gut in Form
fit	Stadt
Experiment	rosa

5 Wörter nachschlagen und einen Text verbessern

1 Lies den Text.
Achtung, er hat Fehler!

Das Schulfest | am letzten Samstag | war der Hitt. |
Wir haben | das Jubileum | unserer Grundschule gefeiert |
und viele Leute | sind gekommen. | Das Wetter war toll. |
Die Sonne schien | und wir konnten | draußen vil machen. |
Die Eltern haben | Schpezialitäten | aus verschiedenen Ländern |
vorbereitet. | Das Schulhaus | war schön dekorirt. |
Dann gab es | noch einen Wettkampf. | Die Klasse 4b |
konnte beim Fußballspiel | gewinnen. | Es gab für
die Gewinner | sogar einen Pockall. |
Zum Schluss | haben alle | beim Aufräumen | geholfen. |

2 Kreuze die richtige Schreibweise an.
Überprüfe dein Ergebnis mit einem Wörterbuch.

- ◯ Hiet
- ◯ Hit
- ◯ Hitt

- ◯ Jubbileum
- ◯ Jubileum
- ◯ Jubiläum

- ◯ vill
- ◯ vil
- ◯ viel

- ◯ Schpezialitäten
- ◯ Spezialitäten
- ◯ Spezialiteten

- ◯ dekoriert
- ◯ dekorirt
- ◯ deckorirt

- ◯ Pockall
- ◯ Pokal
- ◯ Pokall

3 Schreibe den Text von Seite 46 richtig ab.

STOPP

Das Schulfest

5 Über das eigene Lernen nachdenken

Ergänze deine Lernraupe.

… das Abc aufsagen.

… Wörter im Wörterbuch finden.

… Wörter alphabetisch einordnen.

… Verbformen im Wörterbuch finden.

… zusammengesetzte Nomen nachschlagen.

… Fremdwörter kennen.

… Wörter nachschlagen und einen Text verbessern.

Mein Test hat mir gezeigt, dass …

Nach dem Test wusste ich …

6 Wörter mit doppelten Selbstlauten üben

M

1 Schreibe die Nomen mit Artikel unter die Bilder.

Schnee | Idee | Beere | ~~Saat~~ | Haar | Boot

● 

die Saat

● 

● 

● 

● 

● 

2 Schreibe die Wörter auf.
Schreibe zu den Nomen auch den Artikel.

★=e ❀=a ☾=o

d☾☾f

doof

● B★★re 

die

● St❀❀t

● P❀❀r

● Z☾☾

● M★★r

● W❀❀ge

● ❀❀l 

● M☾☾s

● B☾☾t

● M☾☾r

● Kl★★

● H❀❀r

M die Beere
doof
der Kaffee
das Paar
der See

6 Wörter mit langem i schreiben

M

1 Manche Wörter mit **lang gesprochenem i** schreibe ich mit **i.**
Diese Wörter merke ich mir: das Kino, wir, mir, dir …

2 Lies den Text und markiere alle Wörter mit lang gesprochenem i.

Auf Carlas Zettel | stehen fünf Sachen: | Mandarinen, |
ein Liter Orangensaft, | eine Tüte Rosinen, | ein Brot |
und ein Kilo Apfelsinen. | Für Papas Kusine | kauft Carla |
außerdem eine Schachtel Pralinen. | Sie besorgt auch |
blaue Minen | zum Schreiben.

3 Schreibe den Text aus 2 ab.

STOPP

Auf

4 Unterstreiche in 3 die acht Wörter mit lang gesprochenem i.

6 Wörter mit langem i ordnen und schreiben

M

1 Lies die Wörter mit lang gesprochenem **i**.

Kino 2 ✶ mir ☐ ✶ prima ☐ ✶ dir ☐ ✶

Gardine ☐ ✶ Klinik ☐ ✶ minus ☐ ✶ lila ☐ ✶

Lawine ☐ ✶ Maschine ☐ ✶ Rosine ☐ ✶

Benzin ☐ ✶ Igel ☐ ✶ Praline ☐ ✶ wir ☐

2 Notiere in 1 die Anzahl der Silben.

3 Ordne die Wörter aus 1 nach der Anzahl der Silben.

eine Silbe: ______________________

zwei Silben: Kino, ______________________

____

____

drei Silben: ______________________

____

____

4 Markiere in 3 die Silbenkerne.
Zeichne Silbenbögen ein.

M das Kilo
die Medizin
die Maschine
der Tiger
prima

6 Wörter mit Dehnungs-h ordnen

M

1 Ordne die Wörter nach ihrem Wortstamm.

STOPP

~~das **Fahr**zeug~~	die **Wohn**ung	das Ge**fühl**	be**wohn**en	die Aus**fahr**t
ver**rühr**en	die Ge**fahr**	**fühl**en	**fahr**en	**rühr**en
der **Wohn**wagen	an**fühl**en	die **Rühr**schüssel	der Be**wohn**er	der **Rühr**er
der **Fühl**er				

Fahr/fahr

das Fahrzeug ✓

Fühl/fühl

Rühr/rühr

Wohn/wohn

2 Unterstreiche in **1** immer den Wortstamm.

3 Markiere in **1** das **h** und den Selbstlaut davor.

6 Wörter mit Dehnungs-h erkennen

1 Schreibe zu den Bildern zwei Wörter, die sich reimen.

M=S

Mohn

Sohn

F=S

Z=K

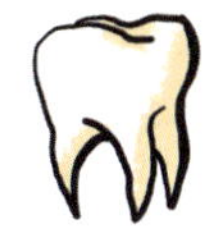

M=Str

Sch=K

M=R

2 Lies die Sätze.

Timo mag keine Bohnen.

Die Kinder bekommen eine Belohnung.

Niko fühlt sich heute krank.

Die Wühlmaus gräbt sich einen Gang.

Eine Höhle ist ein Loch im Berg.

Fohlen sind junge Pferde.

Lisa fährt mit dem Bus zur Schule.

Oma hat eine neue Wohnung.

M ähnlich
der Draht
fühlen
führen
die Höhle
während

3 Unterstreiche in 2 die Wörter mit Dehnungs-**h**.

6 Wörter mit ß einsetzen

1 Schreibe Reimwörter auf.
Setze die Silbenbögen.

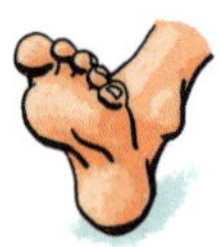		
F u ß	b ___ ___ ß ___ ___	g ___ ___ ß ___ ___
Gr ___ ___	h ___ ___ ___ ___ ___	spr ___ ___ ___ ___ ___
R ___ ___	r ___ ___ ___ ___ ___	schl ___ ___ ___ ___ ___

2 Setze die Wörter passend ein.

STOPP

reißt | ~~heißt~~ | weißes | draußen | Spaß | fließt | große

Tims Hund heißt ✓ Krümel.

Er hat mit ihm viel ______.

Am liebsten ist er ______ im Garten.

Sein ______ Fell mag Tim gerne.

Gerade ______ Krümel

die ______ Vase auf dem Tisch um.

Das Wasser ______

auf den Boden.

Das findet Tim nicht lustig!

M draußen
fließen
gießen
heißen
schließen
süß

6 Über das eigene Lernen nachdenken

Ergänze deine Lernraupe.

… Wörter mit doppelten Selbstlauten schreiben.

… Wörter mit langem i schreiben.

… Wörter mit Dehnungs-h ordnen.

… Wörter mit Dehnungs-h erkennen.

… Wörter mit ß einsetzen.

…

Wenn mir etwas schwerfiel, …

Besonders leicht fiel es mir, …

7 Nomen erkennen

1

Nomen schreibe ich **groß.**
So erkenne ich ein Nomen:
1. Ich setze **vor das Wort einen Artikel:**
   der Onkel, **die** Mutter, **das** Kind …
2. Ich bilde die **Mehrzahl:** der Name – die Namen …

2 Trenne die Nomen in den Schlangen durch Striche ab.

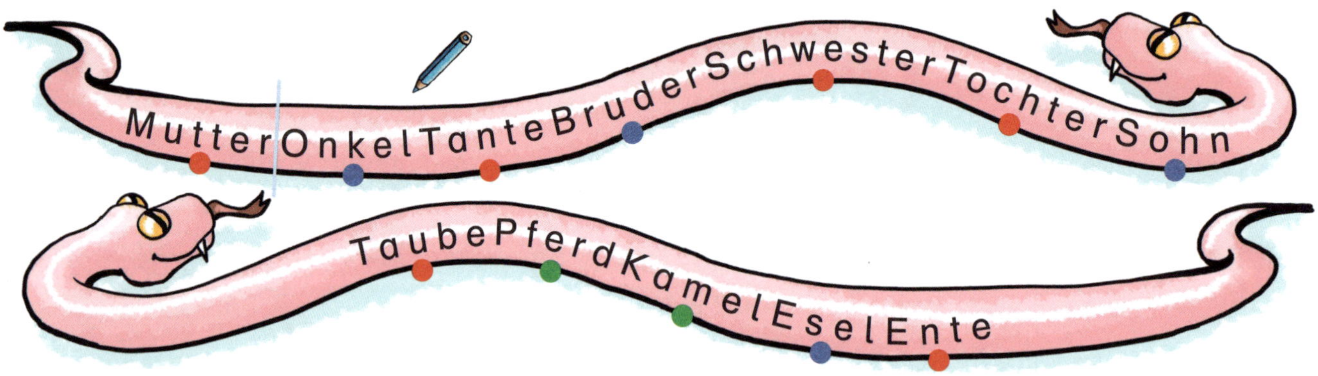

3 Schreibe die Nomen aus 2 in der Einzahl und in der Mehrzahl auf.
Setze immer den Artikel vor das Wort.

die Mutter – die Mütter,

7 Nomen erkennen

1 Lies den Text und markiere die weiteren 12 Nomen.

GESTERN HATTEN MEIN FREUND UND ICH

EINE LUSTIGE IDEE. WIR WOLLTEN ZWEI MÄDCHEN

AUS UNSERER KLASSE EINEN SCHRECK EINJAGEN.

WIR NAHMEN UNSERE FAHRRÄDER UND

RADELTEN ZUM FLUSS. DORT VERSTECKTEN WIR UNS

UNTER DER BRÜCKE UND WARTETEN.

ALS WIR STIMMEN HÖRTEN, SPRITZTEN WIR MIT

UNSEREN WASSERPISTOLEN. GLEICHZEITIG ABER

WURDEN WIR SEHR NASS. DIE BEIDEN MÄDCHEN

HATTEN EINEN EIMER VOLL WASSER VON OBEN

AUSGESCHÜTTET.

die Brücke
der Fluss
die Höhe
die Kreuzung
der Wald
das Ziel

7 Satzanfänge großschreiben

1 **Satzanfänge** schreibe ich **groß:** Die Feuerwehr hat viele Aufgaben.
Am Ende des Satzes setze ich einen Punkt.

2 Lies die Sätze. So stimmen sie noch nicht!

M
mein Vater ist bei der Feuerwehr

gestern hatte er einen großen Einsatz

ein Bauernhof ist abgebrannt

alle Menschen und Tiere wurden gerettet

3 Verbessere die Satzanfänge in 2.
Setze Punkte am Ende der Sätze.

4 Schreibe die Sätze aus 2 richtig auf.

STOPP

Mein

das Feuer
gefährlich
das Gewitter
glühen
das Handy
die Hitze

5 Markiere in 4 die Satzanfänge und die Punkte.

7 Nomen und Satzanfänge großschreiben

1 Lies den Text.

die feuerwehr | hat viele aufgaben. | ihre wichtigste | aufgabe ist es, | feuer zu löschen. | die feuerwehr | hilft aber auch, | wenn ein unfall | passiert ist. | dann rettet sie | die verletzten. | sie beseitigt auch | die schäden | nach einem unwetter, | sie pumpt | keller aus | und räumt | umgestürzte bäume | aus dem weg.

2 Markiere in **1** die Satzanfänge und Nomen farbig.

3 Schreibe den Text aus **1** richtig auf. Kontrolliere Schritt für Schritt.

STOPP

Die Feuerwehr ✓

7 Zeitangaben großschreiben

1 Die **Namen** der **Tage, Monate** und die **Zeiten** schreibe ich **groß:**
Dienstag, Januar, drei Stunden, zwei Jahre …
Ich erkenne die Wörter am **Artikel.** Manchmal ist der Artikel versteckt:
am Abend (= **an dem** Abend), **im** Mai (= **in dem** Mai).

2 Lies die Sätze und unterstreiche, wann etwas ist.

1. Am Abend trinke ich Milch. — der Abend
2. Jeden Morgen ziehe ich mich an. —
3. Ich habe im März Geburtstag. —
4. Wir schwimmen am Nachmittag. —
5. Am Dienstag muss ich zum Arzt. —

3 Schreibe in 2 das Nomen aus der Zeitangabe mit dem Artikel auf.

4 Schreibe die Sätze aus 2 richtig ab.

STOPP

1. Am Abend

5 Unterstreiche in 4 die Zeitangaben.

7 Zeitangaben großschreiben

1 Schreibe fünf oder mehr Sätze über dich auf.
Verwende diese Zeitangaben.

jeden Tag | in den Ferien | am Wochenende

im Frühling | nächstes Jahr | im Mai

um sieben Uhr | zu Weihnachten | am Mittwoch

2 Unterstreiche in **1** die Zeitangaben.

3

M der Advent
das Jahr
der Karneval
der Mai
der November
die Uhr

7 Anredepronomen richtig verwenden

1

In einem Brief an Freunde oder Verwandte
benutze ich diese Anredepronomen: du, dein, dich, euch, ihr …
Wenn ich jemanden nicht gut kenne,
schreibe ich aus Höflichkeit Sie, Ihnen, Ihr, Ihre …

2 Lies die Einladung.
Setze beim Lesen **dich**, **dir**, **du** in die Lücken ein.

Lieber Jan,

wir möchten ___ herzlich zu unserem Sommerfest am Samstag, den 21.6., ab 11 Uhr am alten Sportplatz einladen. Zuerst wollen wir mit ___ grillen. Würstchen und Salat kaufen wir, aber ___ solltest bitte einen Teller, ein Glas und Besteck mitbringen.
Danach möchten wir mit ___ spielen. Vielleicht fällt ___ ein neues Spiel ein, das wir machen können.
Wir freuen uns auf ___ und hoffen, dass ___ kommen kannst.

Deine Klasse 3b

3 Lest den Brief abwechselnd Satz für Satz.
Setzt **dich**, **dir** und **du** passend ein.

4 Die Klasse möchte ihren früheren Lehrer, Herrn Winter, einladen. Schreibe die Einladung aus 2 um. Benutze **Sie**, **Ihnen**, **Ihre**.

Lieber Herr Winter,

wir möchten Sie

5 Unterstreiche in 4 **Sie**, **Ihnen**, **Ihre**.

7 Über das eigene Lernen nachdenken

Ergänze deine Lernraupe.

… Nomen erkennen.

… Nomen und Satzanfänge großschreiben.

… Zeitangaben großschreiben.

… Anredepronomen richtig verwenden.

…

Wenn ich mir Aufgaben wünschen dürfte: …

Ich hätte gern, dass ich …

8 Alle Rechtschreibstrategien anwenden

M

1 Verbinde jedes Zeichen mit seiner Bedeutung.

M

- Sprich in Silben.
- Verlängere das Wort.
- Leite ab! **Ä/ä** von **A/a**, **Äu/äu** von **Au/au**
- Schlage das Wort im Wörterbuch nach.
- Merkwort mit besonderer Merkstelle

2 Verbessere die Fehlerwörter. Nutze die Hilfen.

das Lant		das Land
die Pletze		
die Tomat_		
gros	M	
das Handi	M	
es gap		
die Sommerferin		

3 Unterstreiche in **2** immer die Stelle, die du verbessert hast.

8 Wörter nach Rechtschreibstrategien ordnen

M

Auf einen Blick:

In Silben gliedern: Taucher.

Ableiten: Zäune ↯ Zaun Häschen ↯ Hase.

Verlängern, so unterscheide ich **b** oder **p**, **d** oder **t** und **g** oder **k** am Ende:
Ber_ → die Berge.

M Merken, zum Beispiel: Schnee, Fuß.

1 Tauscht euch aus.
Ordnet die Wörter den Strategien zu.

Badeente, ______

______

↯ ______

______

→ ______

______

M ______

8 Wörter nach Rechtschreibstrategien ordnen

ω ⚡ ↪ M

① Ergänze die Wörter. Die Zeichen helfen dir.

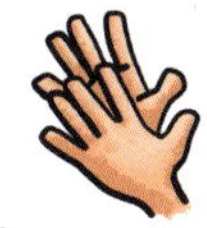

↪	● Berg
⚡	● W___sche
↪	er lie___t
M	hei___
↪	● Ba___
⚡	● H___nde
⚡	w___rmen
⚡	● R___der
M	● Hobb___
M	wei___
↪	● Aben___
M	● Schn___

② Schreibe die Wörter aus ① passend zu den Zeichen.

↪	⚡	M
Berg		

③

- feucht
- frieren
- schmutzig
- schwitzen
- die Temperatur
- trocken

8 Rechtschreibstrategien anwenden

1 Lies die Sätze. Achtung! Sie enthalten Fehler!

Ein toller Tak am Meer

Tag → Tage

Paul lechelt bis über beide Ohrn.

Heute geht es mit seinem Freunt Tobi ans Mer.

Der Wint ist heute besonders starg.

Tob sprinkt mutik in das Wasser.

Oh, ist das kald!

Lieber sucht er sich schnell ein Pletzchen in den Dünen.

2 Verbessere die falsch geschriebenen Wörter
mit Hilfe der Zeichen.

8

M

3 Schreibe den Text von Seite 68 richtig auf.

Ein toller

4

8 Rechtschreibfehler verbessern

1 Schreibe den Text fehlerfrei ab.
Lass dabei die gelben Zeilen frei.
Schreibe die Begründung
über das Wort in die leere Zeile.

Begründe die richtige Schreibweise, z. B. Satzanfang = groß, Nomen = groß, Verb = klein oder Adjektiv = klein.

Achtung, Fehler!

Montag ist für mich | der Schönste Tag der woche. | Da habe ich gitarrenunterricht. | Ich hätte nicht Gedacht, | dass es so viel Spaß macht. | letzten Sonntag durfte ich | vor publikum auftreten. | Es war ganz leicht. | ich war überhaupt | nicht Aufgeregt. (Moni, 8 Jahre)

Adjektiv = klein

Montag ist für mich ✓ der schönste Tag

Über das eigene Lernen nachdenken

Ergänze deine Lernraupe.

… Recht-schreibstrategien anwenden.

… Wörter nach Recht-schreibstrategien ordnen.

… Recht-schreibfehler verbessern.

…

A a  

der **Abend,** die Abende [↪]
aber
ab|küh|len, es kühlte ab [M]
ähn|lich [M]
al|lein
an|ders
der **An|fang,** die Anfänge [ϟ]
an|fan|gen, er fing an
die **Angst,** die Ängste [ϟ]
ängst|lich [ϟ]
är|gern, sie ärgerte
der **Arzt,** die Ärzte [ϟ]
die **Ärz|tin,** die Ärztinnen [ϟ]
auf|räu|men, er räumte auf [ϟ]
auf|we|cken, sie weckte auf
au|ßen [M]

B b 

ba|cken, er buk oder er backte
der **Bä|cker,** die Bäcker [ϟ]
die **Bä|cke|rin,** die Bäckerinnen [ϟ]
die **Bahn,** die Bahnen [M]
bald
bau|en, sie baute
die **Bee|re,** die Beeren [M]
be|gin|nen, es begann
das **Bei|spiel,** die Beispiele
bei|ßen, er biss [M]
be|loh|nen, sie belohnte [M]
be|reits
der **Be|ruf,** die Berufe
bes|ser
be|stimmt
das **Bett,** die Betten
be|vor [M]
bie|gen, er bog
biss|chen
blei|ben, sie blieb
der **Blick,** die Blicke
bli|cken, er blickte
blind [↪]
blin|ken, er blinkte
der **Blitz,** die Blitze [↪]
blit|zen, es blitzte
der **Block,** die Blöcke
bloß [M]
boh|ren, sie bohrte [M]
das **Boot,** die Boote [M]
bo|xen, er boxte [M]
der **Brand,** die Brände [↪] [ϟ]
brav [M]
bren|nen, es brannte
die **Bril|le,** die Brillen
die **Brü|cke,** die Brücken
die **But|ter**

C c  

der **Clown,** die Clowns

D d 

dann
die **De|cke,** die Decken
deut|lich
deutsch

Deutsch|land [↪]
dick
die|ser
der **Don|ner**
doof [M]
der **Draht,** die Drähte [M] [ϟ]
drau|ßen [M]
der **Dreck**
dre|ckig
dre|hen, sie drehte
der **Druck**
drü|cken, es drückte
dumm [↪]
die **Dumm|heit,** die Dummheiten
dünn [↪]
durch
der **Durst**
durs|tig

E e

ent|de|cken, er entdeckte
die **Ecke,** die Ecken
eckig
ehr|lich [M]
ei|gent|lich
emp|fin|den, sie empfand
ent|fer|nen, er entfernte
die **Ent|fer|nung,** die Entfernungen
ent|ge|gen
ent|wi|ckeln, sie entwickelte
die **Ent|wick|lung,** die Entwicklungen
er|klä|ren, er erklärte [ϟ]
er|lau|ben, sie erlaubte
die **Er|laub|nis**
er|le|ben, er erlebte
das **Er|leb|nis,** die Erlebnisse
er|näh|ren, sie ernährte [M]
er|schre|cken, er erschreckte
er|zäh|len, sie erzählte [M]
die **Er|zäh|lung,** die Erzählungen [M]
es|sen, er aß [M]
Eu|ro|pa
ex|plo|die|ren, es explodierte [M]
ex|tra [M]

F f

der **Feh|ler,** die Fehler [M]
feh|ler|frei [M]
die **Fe|ri|en**
fern|se|hen, er sah fern
der **Fern|se|her,** die Fernseher
fer|tig
fett [↪]
das **Fett,** die Fette [↪]
feucht
die **Feuch|tig|keit**
das **Feu|er,** die Feuer
das **Flug|zeug,** die Flugzeuge [↪]
der **Fluss,** die Flüsse [↪]
die **Flüs|sig|keit,** die Flüssigkeiten
die **Frei|heit,** die Freiheiten
fres|sen, sie fraß
frie|ren, er fror
fröh|lich [M]
füh|len, sie fühlte [M]
füh|ren, er führte [M]

G g

der **Gar|ten,** die Gärten ↯
das **Ge|bäu|de,** die Gebäude ↯
die **Ge|burt,** die Geburten
der **Ge|burts|tag,** die Geburtstage ↪
die **Ge|fahr,** die Gefahren M
gefähr|lich M
das **Ge|fühl,** die Gefühle M
ge|gen
ge|heim
das **Ge|heim|nis,** die Geheimnisse
ge|hen, sie ging
ge|nug
das **Ge|päck** ↯
der **Ge|ruch,** die Gerüche
das **Ge|schäft,** die Geschäfte
ge|sche|hen, es geschah
das **Ge|schenk,** die Geschenke
das **Ge|setz,** die Gesetze ↪
das **Ge|wächs,** die Gewächse M
ge|win|nen, er gewann
das **Ge|wit|ter,** die Gewitter
gie|ßen, sie goss M
der **Glanz**
glän|zen, es glänzte ↯
das **Glas,** die Gläser ↯
glatt ↪
das **Glück**
glück|lich
glü|hen, er glühte
der **Gott,** die Götter ↪
grü|ßen, sie grüßte M

H h

ha|ben, er hatte
das **Han|dy,** die Handys M
hän|gen, es hing ↯
hart
der **Hau|fen,** die Haufen
häu|fig ↯
hei|ßen, sie hieß M
hei|zen, er heizte
die **Hei|zung,** die Heizungen
her|stel|len, sie stellte her
die **Her|stel|lung**
hier
die **Hit|ze**
hof|fen, er hoffte
hof|fent|lich
die **Hö|he,** die Höhen
hohl M
die **Höh|le,** die Höhlen M
der **Hun|ger**
hung|rig

I i

die **Idee,** die Ideen M
im|mer
imp|fen, sie impfte
die **Imp|fung,** die Impfungen
die **In|for|ma|ti|on,** die Informationen
in|for|mie|ren, er informierte
in|nen
in|te|res|sant
das **In|te|res|se,** die Interessen

J j

ja|gen, sie jagte
das **Jahr**, die Jahre [M]
je|mand
jetzt
die **Ju|gend**
ju|gend|lich
jung

K k

der **Kaf|fee** [M]
der **Kä|fig**, die Käfige [M]
der **Kamm**, die Kämme [ϟ]
käm|men, er kämmte [ϟ]
kann, sie konnte
ken|nen, er kannte
das **Ki|lo|gramm** [M]
klar
klä|ren, sie klärte [ϟ]
klet|tern, er kletterte
klug [↪]
der **Kom|pass**, die Kompasse [↪]
kön|nen, sie konnte
die **Kraft**, die Kräfte [ϟ]
kräf|tig [ϟ]
krank
krat|zen, er kratzte
die **Kreu|zung**, die Kreuzungen
krie|chen, sie kroch
der **Krieg**, die Kriege [↪]
kühl [M]
küh|len, er kühlte [M]
die **Kur|ve**, die Kurven [M]
kurz
der **Kuss**, die Küsse [↪]

L l

lä|cheln, er lächelte [ϟ]
das **La|chen**
das **Land**, die Länder [↪] [ϟ]
lang
lang|sam
der **Lärm** [M]
las|sen, sie ließ
das **Laub**
der **Leh|rer**, die Lehrer [M]
die **Leh|re|rin**, die Lehrerinnen [M]
letz|ter
leuch|ten, es leuchtete
das **Lied**, die Lieder [↪]
lie|gen, sie lag
die **Li|nie**, die Linien [M]
links [M]
der **Löf|fel**, die Löffel
lus|tig

M m

der **Mag|net**, die Magnete
manch|mal
die **Ma|schi|ne**, die Maschinen [M]
das **Maß**, die Maße [M]
das **Me|di|um**, die Medien
das **Meer**, die Meere [M]
mehr [M]
mes|sen, er maß

das **Mes|ser,** die Messer
die **Mie|te,** die Mieten
die **Mi|nu|te,** die Minuten [M]
der **Mit|tag** [↪]
die **Mit|te**
mi|xen, sie mixte [M]
das **Moos,** die Moose [M]
der **Müll**
mu|tig
die **Müt|ze,** die Mützen

N n

nächs|ter
nah
die **Nä|he**
nä|hen, er nähte
die **Nah|rung** [M]
nass [↪]
die **Näs|se**
die **Na|tur**
na|tür|lich
neh|men, sie nahm [M]
nichts
nie|mals
nie|mand
noch
die **Num|mer,** die Nummern
nun
nur
die **Nuss,** die Nüsse [↪]
nüt|zen, es nützt
nütz|lich

O o

ob
oben
oder
of|fen
oft
oh|ne [M]
der **Ort,** die Orte

P p

das **Paar,** die Paare [M]
paar [M]
das **Päck|chen,** die Päckchen [↯]
pa|cken, er packte
das **Pa|ket,** die Pakete
der **Pass,** die Pässe [↪] [↯]
pas|sen, es passte
die **Pfan|ne,** die Pfannen
das **Pferd,** die Pferde [↪]
der **Pilz,** die Pilze
plötz|lich
pri|ma [M]
das **Pro|gramm,** die Programme [↪]
put|zen, sie putzte

Qu qu

das **Qua|drat,** die Quadrate [M]
die **Qual,** die Qualen [M]
quä|len, er quälte [M]
der **Qualm** [M]
das **Quar|tett,** die Quartette [M]
der **Quatsch** [M]

die **Quel|le,** die Quellen M
quer M

R r

das **Ra|dio,** die Radios
ra|ten, sie riet
das **Rät|sel,** die Rätsel ↯
der **Raum,** die Räume ↯
rechts
das **Reh,** die Rehe
die **Rei|he,** die Reihen
rei|sen, er reiste
rei|ßen, sie riss M
ren|nen, er rannte
rich|tig
rie|chen, es roch
der **Rie|se,** die Riesen
die **Ru|he**
ru|hig
rund ↪
rüh|ren, er rührte M

S s

sam|meln, sie sammelte
die **Samm|lung,** die Sammlungen
schaf|fen, er schuf
der **Schall**
schal|ten, sie schaltete
der **Schal|ter,** die Schalter
scharf
die **Schär|fe,** die Schärfen ↯
der **Schat|ten,** die Schatten
schie|ben, sie schob
schief
schimp|fen, er schimpfte
schlie|ßen, sie schloss M
der **Schlüs|sel,** die Schlüssel
schme|cken, es schmeckte
der **Schmutz**
schmut|zig
schnei|den, er schnitt
schon
der **Schreck**
schreck|lich
schüt|teln, sie schüttelte
der **Schutz**
schüt|zen, er schützte
schwei|gen, sie schwieg
schwie|rig
die **Schwie|rig|keit,** die Schwierigkeiten
schwim|men, er schwamm
schwit|zen, sie schwitzte
der **See,** die Seen M
selbst
set|zen, er setzte
die **Skiz|ze,** die Skizzen
skiz|zie|ren, er skizzierte
spa|ren, sie sparte
der **Spaß,** die Späße M
spät M
der **Spa|zier|gang,**
die Spaziergänge ↯
der **Spie|gel,** die Spiegel
spitz ↪
die **Spit|ze,** die Spitzen
die **Stadt,** die Städte

der **Stamm,** die Stämme ↪ ϟ
stark
stär|ken, er stärkte
das **Steu|er,** die Steuer
steu|ern, sie steuerte
der **Stiel,** die Stiele
stim|men, es stimmte
der **Stoff,** die Stoffe ↪
der **Strand,** die Strände ↪ ϟ
die **Stra|ße,** die Straßen M
der **Strauß,** die Sträuße M
der **Streit**
strei|ten, sie stritt
der **Strom,** die Ströme
strö|men, es strömte
das **Stück,** die Stücke
der **Stuhl,** die Stühle M
der **Sturm,** die Stürme
stür|misch
süß M
die **Sü|ßig|keit,** die Süßigkeiten M

T t

der **Tag,** die Tage ↪
die **Tan|ne,** die Tannen
tan|zen, sie tanzte
die **Tas|se,** die Tassen
tau|send
das **Ta|xi,** die Taxis M
die **Tech|nik,** die Techniken
der **Tel|ler,** die Teller
die **Tem|pe|ra|tur,** die Temperaturen
der **Text,** die Texte M
das **The|a|ter,** die Theater
das **Ther|mo|me|ter,** die Thermometer M
tief
die **Tie|fe,** die Tiefen
der **Ti|ger,** die Tiger M
trai|nie|ren, er trainierte M
die **Trä|ne,** die Tränen M
der **Traum,** die Träume ϟ
träu|men, sie träumte ϟ
trau|rig
tref|fen, er traf
treu
tro|cken
trotz|dem

U u

die **Uhr,** die Uhren M
über
über|all
über|que|ren, er überquerte M
um|keh|ren, sie kehrte um M
um|rüh|ren, er rührte um M
un|ge|fähr M
un|ter
der **Un|ter|richt**
der **Ur|laub,** die Urlaube ↪

V v

die **Va|se,** die Vasen M
ver|bie|ten, sie verbot M
ver|brau|chen, er verbrauchte M
ver|bren|nen, es verbrannte M

die **Ver|bren|nung,** die Verbrennungen M
der **Ver|ein,** die Vereine M
ver|ei|nen, er vereinte M
ver|ges|sen, sie vergaß M
ver|let|zen, er verletzte M
die **Ver|let|zung,** die Verletzungen M
ver|lie|ren, sie verlor M
ver|pa|cken, er verpackte M
die **Ver|pa|ckung,** die Verpackungen M
ver|ste|hen, sie verstand M
ver|ste|cken, er versteckte M
ver|wech|seln, sie verwechselte M
viel|leicht M
voll M
voll|stän|dig M
vor|bei M
die **Vor|fahrt** M
die **Vor|sicht** M
vor|sich|tig M

W w

wach|sen, es wuchs M
die **Wahl,** die Wahlen M
wäh|len, er wählte M
wäh|rend M
der **Wald,** die Wälder ↪ ϟ
die **Wand,** die Wände ↪ ϟ
das **Was|ser**
wech|seln, sie wechselte M
we|cken, er weckte
der **We|cker,** die Wecker
Weih|nach|ten
wel|che
die **Welt,** die Welten
wenn
wich|tig
wie
wie|der
wie|gen, sie wog
wild ↪
der **Wind,** die Winde ↪
win|ken, er winkte
wis|sen, sie wusste
woh|nen, er wohnte M

Z z

die **Zahl,** die Zahlen M
zäh|len, er zählte M
der **Zeh,** die Zehen
zeich|nen, sie zeichnete
die **Zeit,** die Zeiten
die **Zei|tung,** die Zeitungen
das **Zeug|nis,** die Zeugnisse ↪
zie|hen, er zog
das **Ziel,** die Ziele
zie|len, sie zielte
zu|frie|den
die **Zu|kunft**
zu|künf|tig
zu|letzt
zu|rück

Einsterns Schwester 3
leicht gemacht

Themenheft 2
Richtig schreiben

Herausgegeben von: Roland Bauer, Jutta Maurach

Erarbeitet von: Wiebke Gerstenmaier, Sonja Grimm, Martina Schramm

Fachliche Beratung exekutive Funktionen: Dr. Sabine Kubesch, INSTITUT BILDUNG plus, im Auftrag des ZNL TransferZentrum für Neurowissenschaften und Lernen, Ulm

Redaktion: Martina Schramm, Sabine Gerber

Illustration: Yo Rühmer, Frankfurt am Main

Umschlaggestaltung: Cornelia Gründer, agentur corngreen, Leipzig

Layout und technische Umsetzung: lernsatz.de

fex

fex steht für *Förderung exekutiver Funktionen.* Hierbei werden neueste Erkenntnisse der kognitiven Neurowissenschaft zum spielerischen Training exekutiver Funktionen für die Praxis nutzbar gemacht. **fex** wurde vom **ZNL TransferZentrum für Neurowissenschaften und Lernen** *(www.znl-ulm.de)* an der Universität Ulm gemeinsam mit der **Wehrfritz GmbH** *(www.wehrfritz.com)* ins Leben gerufen. Der Cornelsen Verlag hat in Kooperation mit dem ZNL ein Konzept für die Förderung exekutiver Funktionen im Unterrichtswerk *Einsterns Schwester* entwickelt.

www.cornelsen.de

1. Auflage, 2. Druck 2020

Alle Drucke dieser Auflage sind inhaltlich unverändert
und können im Unterricht nebeneinander verwendet werden.

Druck: AZ Druck und Datentechnik GmbH, Kempten

ISBN 978-3-06-084374-9
ISBN 978-3-06-084378-7 (E-Book des Pakets „Einsterns Schwester 3 leicht gemacht")

Dieses Heft ist Bestandteil des Pakets „Einsterns Schwester 3 leicht gemacht" (ISBN 978-3-06-084372-5)
und kann auch einzeln bestellt werden.

PEFC zertifiziert
Dieses Produkt stammt aus nachhaltig bewirtschafteten Wäldern und kontrollierten Quellen.
www.pefc.de
PEFC
PEFC/04-31-2260

Ich bin Lola
und ich helfe dir.

So kannst du mit den Heften arbeiten

Du machst alle
Seiten der Lernportion 1.

Zuerst im grünen Heft.

Dann im roten Heft.

Dann im gelben Heft.

Und dann im blauen Heft.

Danach machst du in
allen Heften die Lernportion 2.

Nun machst du in
allen Heften die Lernportion 3.

Genauso bearbeitest du
alle anderen Lernportionen.

1 Nomen für Menschen und Dinge unterscheiden

1 Es gibt Nomen für Menschen und Dinge.
Notiere **M** (= Mensch) oder **D** (= Ding).

- D die Wolke
- das Baby
- die Sonnenbrille
- der Mann
- der Kapitän
- der Vater
- der Taucher
- der Fischer
- das Netz
- die Sonne
- das Mädchen
- das Meer
- das Tuch
- das Buch
- die Eisverkäuferin
- die Frau
- die Hose
- der Hut
- die Sandburg
- der Sand

1 Nomen für Tiere und Pflanzen unterscheiden

1 Lies den Text.

Der Wald ist wie ein Haus.
Auf dem Boden wachsen
Moos und Farn. Dort wohnen
Maus, Hamster und Dachs.
In der Krautschicht wachsen Gras,
Farn und Springkraut. Sie ist die Heimat
von Hase, Igel und Schmetterling.
In der Gehölzschicht stehen
Eiche, Buche und Kiefer.
Sie bietet Wohnung für
Waldkauz, Buchfink
und Kuckuck.

2 Unterstreiche in 1 die Nomen für Tiere und Pflanzen in zwei Farben.

3 Schreibe die drei Vögel aus dem Text heraus.

STOPP

Vögel: der

1 Nomen in der Mehrzahl bilden

1 Ergänze die Wörter in der Mehrzahl.
Die Beispiele links helfen dir.

ein Kind	ein Bild
viele Kinder	viele
ein Heft	ein Tisch
viele Hefte	
ein Eimer	ein Kissen
viele Eimer	
ein Buch	ein Tuch
viele Bücher	
ein Foto	ein Sofa
viele Fotos	
eine Decke	eine Lampe
viele Decken	

2 Markiere in 1 die Veränderungen in der Mehrzahl.

1 Besondere Formen der Mehrzahl entdecken

Zu einigen Nomen gibt es **zwei** Mehrzahlwörter.

ein Atlas
viele Atlasse oder
viele Atlanten

ein Luftballon
viele Luftballons oder
viele Luftballone

ein Globus
viele Globen oder
viele Globusse

ein Lexikon
viele Lexika oder
viele Lexiken

ein Monitor
viele Monitore oder
viele Monitoren

1 Schreibe die Wörter von oben in der Einzahl und in einer Mehrzahlform auf.

ein Atlas — viele Atlanten

ein — viele

2 Markiere in 1 die Endungen in der Mehrzahl gelb.

1 Nomen für Gefühle kennenlernen

1 Wörter für **Gefühle** sind auch Nomen.
Deshalb schreibe ich sie groß:
die Freude, der Schreck.

die Freude

der Schreck

2 Schreibe die Nomen mit dem Artikel ab.

die Neugier, ✓

3 Unterstreiche in 2 alle Gefühle, die du magst.

1 Pronomen kennenlernen

1 Die Wörter **ich, du, er, sie, es, wir, ihr, sie** sind **Pronomen.**
Pronomen können für Nomen stehen: **Lina** hat Ferien. **Sie** besucht Opa.

2 Lies den Text.

Das ist Lina.

Sie hat die Ferien bei Opa verbracht.

Er ist mit Lina in den Zoo gegangen.

Sie haben die Tiere beobachtet.

Lina hat der Besuch im Zoo sehr gut gefallen.

„Das sollten wir öfter machen“, hat sie gesagt.

Auf dem Rückweg haben Opa und Lina noch ein Eis gegessen.

Es hat super geschmeckt.

3 Unterstreiche in **2** die sechs Pronomen im Text.

4 Spielt das Spiel mit den Pronomen. Würfelt der Reihe nach.
Klatscht schnell auf ein passendes Nomen.

1 Pronomen richtig zuordnen

1 Lies die Sätze. Ergänze die Pronomen.

Die Elefantenkuh kümmert sich um ihr Junges.
Sie ______ gibt ihm zu trinken.

Das Elefantenbaby ist noch sehr klein.
______ lebt immer bei der Herde.

Elefanten leben auch in Afrika.
______ wandern sehr weit.

Der Elefant ist ein großes Tier.
______ wiegt fast sieben Tonnen.

Meine Freunde und ich mögen Elefanten.
______ sehen sie oft im Zoo.

2 Schreibe die grünen Satzteile und Pronomen aus 1 als Paare auf.

Die Elefantenkuh – sie,

1 Pronomen in einen Text einsetzen

1 Lies den Text.

Bei den Elefanten

Die Elefanten sind sehr unruhig. Sie  bekommen gleich ihr Futter. Der Tierpfleger bringt heute Äste, frisches Gras und Gemüse. Schnell schließt  die Tür auf. „Jetzt könnt  das Futter holen!“, ruft  .

Vor dem Gehege steht eine Frau mit ihrem Baby.  schaut den Elefanten zu und strampelt. Die Mutter beruhigt  : „  bekommst auch gleich etwas.“ Danach gehen  weiter.

2 Schreibe in **1** über die Bilder die passenden Pronomen.

3 Lies den Text mit den Pronomen einem Partnerkind vor.

4 Schreibe den Text von Seite 12 mit den Pronomen ab.
Kontrolliere Satz für Satz.

Bei den Elefanten ✓

Die

5 Unterstreiche in 4 alle eingesetzten Pronomen.

1 Zusammengesetzte Nomen bilden

1 Finde die zusammengesetzten Nomen.
Schreibe wie im Beispiel.

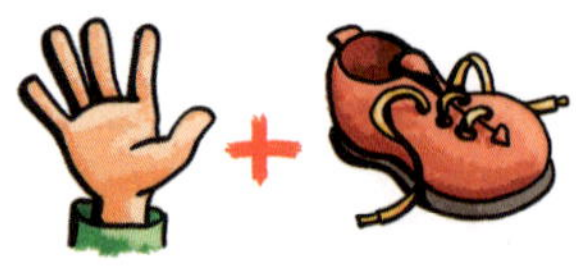

die Hand **der** Schuh

die Hand, der Schuh,
der Handschuh

der Sand **die** Burg

der Fuß **der** Ball

das Ohr **der** Ring

das Eis **der** Würfel

der Regen **die** Jacke

2 Unterstreiche in 1 immer den großen Anfangsbuchstaben.

1 Zusammengesetzte Nomen bilden

1 Bilde zusammengesetzte Nomen.
Füge die roten Buchstaben ein.

a) der Geburtstag | die Torte + s

die Geburtstagstorte

b) das Glück | der Käfer + s

c) der Verkehr | das Schild + s

d) der Frühling | die Zwiebel + s

e) die Katze | das Futter + n

f) die Zitrone | die Limonade + n

g) die Schnecke | das Haus + n

h) die Tomate | die Soße + n

2 Unterstreiche in **1** immer den eingefügten Buchstaben.

1 Über das eigene Lernen nachdenken

Am Ende einer Lernportion ist es sinnvoll, dass du dir Gedanken zu deinem Lernen machst. Dazu findest du in den nächsten Lernportionen weitere Ideen.
Wenn du in allen 4 Heften die Lernportion 1 bearbeitet hast, wird deine erste Lernraupe vollständig sein.
Mit der Zeit hast du mehrere Lernraupen.

1 Betrachte mit einem Partnerkind das Bild oben.

a) Findet heraus, was in der Raupe, den Wolken und den Blättern aufgeschrieben wird.

b) Besprecht, wie dieses Kind seinen Lernerfolg einschätzt. Begründet eure Meinung.

2 Beginne deine Lernraupe auf einer Doppelseite. Wähle 2 Raupenglieder oder mehr für deine Lernraupe aus.

1 Über das eigene Lernen nachdenken

Beginn:

Ich kann …

1

Gedanken zu meinem Lernen

… Nomen für Menschen und Dinge unterscheiden.

… Nomen für Tiere und Pflanzen unterscheiden.

… Nomen in der Mehrzahl bilden.

… besondere Formen der Mehrzahl verwenden.

… Nomen für Gefühle erkennen.

… Pronomen erkennen und verwenden.

… zusammengesetzte Nomen bilden.

Was hat dir beim Lernen in Lernportion 1 gefallen?

Ich fand toll, …

Mir hat fast alles gefallen, besonders …

2 Passende Verben finden

1 Schreibe die passenden Verben in die leeren Felder.

trinken | hangeln | kicken | essen | spielen | springen

passen | ~~reden~~ | klettern

2 Suche dir im Bild zwei Kinder aus.
Schreibe in Sätzen auf, was sie tun.

Emil klettert nach oben.

3 Unterstreiche die Verben in 2.

2 Passende Verbformen bilden

1 **Verben** stehen im **Wörterbuch** in der **Grundform.**
Die Grundform hat am Ende **en:** geh**en**.
In **Texten** stehen die Verben oft in der **Personalform.**
Ich geh**e**, du geh**st**, er/sie/es geh**t**, wir geh**en**, ihr geh**t**, sie geh**en**.

2 Unterstreiche in jedem Satz das Verb.

Emilia **geht** in die Klasse 3b. gehen

Sie **backt** gerne Kuchen.

Sie **spielt** Fußball.

Sie **fährt** oft Fahrrad.

Sie **liebt** alle ihre Hobbys.

3 Schreibe in 2 die Grundform des Verbs neben die Sätze.

4 Schreibe das Verb **hören** in allen Personalformen auf.

STOPP

| er, sie, es hört | ihr hört | ich höre | wir hören | du hörst | sie hören |

ich

du

er,

wir

ihr

sie

2 Wortstamm und Endung erkennen

1 Verben haben einen **Wortstamm** und eine **Endung**.
Der Wortstamm bleibt meist gleich:
trinken – ich **trink**e, **sing**en – du **sing**st, **renn**en – er **renn**t.

2 Immer zwei Verbformen gehören zusammen. Verbinde sie.

malen	träumen	singen	gehen	spielen
du gehst	wir spielen	ich male	du träumst	er singt

3 Schreibe die Wortpaare aus **2** auf. Unterstreiche den Wortstamm.

malen – ich male,

4 Setze das Verb **spielen** passend ein.
Unterstreiche den Wortstamm.

Mama spielt mit Moritz.

Wir ______ im Zimmer.

Ich ______ mit Murat Ball.

Max und Lea ______ Fangen.

Das Baby ______ mit der Puppe.

Die Kinder ______ im Garten.

2 Personalformen finden

1 Setze die Verben der Reihe nach in der passenden Form ein.

Zwei Spiele für die Pause

a) ~~falten~~ | bilden | zeigen | steigen | lösen

Jeder Spieler faltet seine Hände

und ______ mit seinen Armen

einen Ring, der zu seinen Füßen ______.

Alle Mitspieler ______ auf ein Zeichen

durch ihren Armring, ohne die Hände

zu ______.

b) kreuzen | falten | drehen | sehen | zeigen

Ein Spielpartner ______ seine

Hände und ______ die Finger.

Er ______ die Hände so nach oben,

dass er seine Finger ______.

Zwei Kinder ______

abwechselnd auf einen Finger.

Der Spielpartner versucht, diesen zu bewegen.

Das Spiel funktioniert nicht, wenn jemand

die Finger berührt.

2 Unterstreiche bei den Verben in 1 immer den Wortstamm.

2 Verbformen ergänzen

1 Bei manchen Verben verändert sich der **Wortstamm:**
schlafen – er **schläf**t, **les**en – du **lies**t.

2 Immer zwei Verbformen gehören zusammen. Verbinde sie.

sehen	fressen	laufen	halten	essen

es frisst	er hält	er isst	er sieht	sie läuft

3 Schreibe die Wortpaare aus **2** auf. Unterstreiche den Wortstamm.

STOPP

sehen – er sieht, ✓

______

______

______

4 Setze die richtigen Formen ein.

Die Klasse 3b macht (machen) heute einen Ausflug. Der Förster ______ (führen) die Kinder durch den Wald. Maxi ______ (sehen) gleich zu Beginn ein Reh. Alle Kinder ______ (halten) an und ______ (sehen) dem Reh zu, wie es kleine Zweige ______ (fressen).

2 Das Verb *sein* in seinen Formen kennenlernen

1 Ergänze die passenden Formen von **sein**.

ich ______ wir ______

du ______ ihr ______

er ______ sie ______

2 Setze die richtigen Formen von **sein** ein.

seid | sind | ist | bist | ist | sind | bin

Ben und Jonas sind gute Freunde.

Manchmal haben sie aber Streit.

Dann sagt Ben: „Ich ______ nicht mehr dein Freund."

Jonas ______ dann beleidigt und antwortet:

„Du ______ gemein." Seine Mutter ruft:

„Hört auf zu streiten! Zusammen ______ ihr viel stärker."

„Wir ______ ja nie lange sauer", meint Jonas dazu.

„Dann ______ es ja gut", antwortet die Mutter.

2 Verben mit Vorsilben zusammensetzen

Vorsilben wie **ab, auf, aus, be, ein, ver, vor** kannst du vor Verben stellen. Vorsilben verändern die Bedeutung von Verben: auffahren, verfahren.

1 Bilde zusammengesetzte Verben mit **fahren**. Unterstreiche die Vorsilbe.

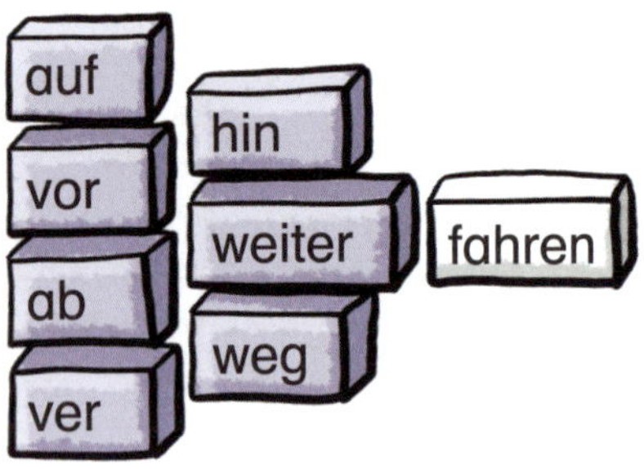

auffahren,

2 Markiere die passende Vorsilbe.

1

ein Päckchen

ein / ver — schenken

2

ein Gedicht

er / ver — lernen

3

Wasser

ein / ver — schütten

3 Schreibe in Sätzen auf, was Murat tut. Unterstreiche die Vorsilbe.

Murat

2 Verben nach Wortfeldern ordnen

1 Unterstreiche die Verben der Wortfelder essen und sagen mit zwei Farben.

löffeln		reden		naschen		fragen		flüstern	
	schlürfen		schimpfen		mampfen		antworten		schlingen

2 Schreibe die Verben aus 1 geordnet auf.

STOPP

Wortfeld **essen**	Wortfeld **sagen**
löffeln ✓	

3 Markiere die Wörter des Wortfelds **gehen** mit zwei Farben.

langsam gehen **schnell gehen**

schlendern	laufen	kriechen	sausen	humpeln
bummeln	wandern	hetzen	schleichen	
spazieren	marschieren	flitzen	eilen	schreiten
rennen	trödeln	sprinten		

4 Vergleicht eure Lösungen aus 3.

2 Nomen und Verben zusammensetzen

1 Aus Verben und Nomen entstehen zusammengesetzte Nomen.
Dabei verändern sich die Verben.
Zusammengesetzte Nomen schreibe ich groß:
das Stinktier: stinken + das Tier.

2 Lies den Text.

Im Zoo

Die Klasse 3b war gestern im Zoo.
Lisa und Tim fanden die Schleichkatzen toll,
Alex und Serkan waren bei
den Wanderratten und den Stinktieren.
Hanna und Nam haben einen Brüllaffen
und einen Springbock gesehen.
Max erzählt von der Klapperschlange,
die eine Springmaus gepackt hatte.

Das Verb **schleichen** und das Nomen **die Katzen** ergeben **die Schleichkatzen.**

3 Unterstreiche in 2 sechs weitere zusammengesetzte Nomen.

4 Zerlege diese zusammengesetzten Nomen.

die Schleichkatze: schleichen + die Katze

Wanderratte:

Brüllaffe:

Springmaus:

2 Über das eigene Lernen nachdenken

Beginn:

2

Gedanken zu meinem Lernen

… passende Verben finden.

… passende Verbformen bilden.

… Wortstamm und Endung erkennen.

… Personalformen finden.

… Verbformen ergänzen.

… das Verb **sein** in seinen Formen verwenden.

… Verben mit Vorsilben bilden.

… Verben nach Wortfeldern ordnen.

… Nomen und Verben zusammensetzen.

Ich kann zügig arbeiten, wenn ...

Manchmal fällt es mir schwer, bei der Arbeit zu bleiben ...

3 Zeitformen von Verben kennenlernen

1

Die Zeitformen von Verben zeigen, wann etwas geschieht.

- In der **Gegenwart** (heute): Antonia **spielt** Klavier.
- In der **Vergangenheit** (früher): Julia **spielte** Geige.

2 Trage die Verben in der Gegenwart und in der Vergangenheit passend ein.

~~hören~~	fahren	schreiben	waschen	dürfen
fuhren	~~hörten~~	schrieben	wuschen	durften

1 Heute hören viele Menschen Musik aus dem Internet.

Früher hörten viele Menschen Musik von Schallplatten.

2 Heute ________ alle Kinder in die Schule gehen.

Früher ________ oft nur die Jungen in die Schule gehen.

3 Heute ________ die Menschen mit dem Auto.

Früher ________ die Menschen mit der Kutsche.

4 Heute ________ die Menschen mit der Waschmaschine.

Früher ________ die Menschen ihre Wäsche von Hand.

5 Heute ________ die Menschen oft am Handy.

Früher ________ die Menschen Briefe.

3 Gegenwart und Vergangenheit von Verben bilden

1 Setze die Verben in der Vergangenheit ein.

halfen | arbeiteten | zogen | gab

transportierte | mussten | schlugen

Früher und heute auf dem Bau

Früher gab es für die Arbeit kaum Maschinen.

Die Menschen ________ zusammen.

Beim Hausbau ________ alle anpacken.

Die ganze Familie und auch die Nachbarn ________.

Es gab noch keinen Kran, der die Materialien

________. Die Männer ________

die Balken von Hand auf das Dach.

Dann ________ sie Holznägel ein.

2 Schreibe die Verben aus 1 in der Vergangenheit und in der Gegenwart auf.

es gab – es gibt, sie

3 Zeitformen von Verben üben

1 Bei manchen Verben verändert sich in der Vergangenheit der Wortstamm: wir **seh**en – wir **sah**en. Diese Verben werden **starke Verben** genannt.

2 Immer drei Verbformen gehören zusammen.
Markiere sie farbig.

schreien | sehen | es hilft | kommen | gießen | wir riefen

er sprach | ich schreie | sie gossen | es half | ihr kamt | sie aß

rufen | sie gießen | ihr kommt | sie isst | sprechen | essen

du siehst | ich schrie | er spricht | wir rufen | du sahst | helfen

3 Trage die Verbformen aus **2** in die Tabelle ein.

Grundform	Gegenwart	Vergangenheit
schreien ✓	ich schreie ✓	ich schrie ✓
sehen ✓		

3 Zeitformen von Verben üben

1 Lies die Abzählverse.

Eine kleine Dickmadam
fuhr mit einer Eisenbahn.
Eisenbahn, die krachte,
Dickmadam, die lachte.
Fiel zum Wagen raus
und du bist aus.

Da war eine feine Dame,
die kratzte sich am Arme,
die kratzte sich am Po,
such du den Floh!

2 Unterstreiche in 1 die Verben in der Vergangenheitsform.

3 Suche dir einen der beiden Abzählverse aus.
Schreibe ihn in der Gegenwartsform auf.
Unterstreiche die Verben.

4 Lies deinen Abzählvers aus 3 einem Kind vor.

3 Verben in der Vergangenheit bilden

1 Lies den Text und setze die Verben in der Vergangenheit ein.

Schule früher

Früher trugen die Jungen kurze Hosen.
(tragen)

Das __________ nicht nur im Sommer so.
(sein)

Im Winter __________ sie dazu dicke Strümpfe an
(ziehen)

und __________ sich auf den Weg in die Schule.
(machen)

Die Mädchen __________ mit Kleidern in die Schule.
(gehen)

Oft __________ sie noch eine Schürze darüber.
(binden)

In der Schule __________ Mädchen und Jungen oft getrennt.
(sitzen)

Die Kinder __________ den Lehrern oft
(bringen)

Eier, Hühner und Hasen mit. Die Lehrer __________
(schenken)

den Kindern schöne Bildchen.

2

3 Über das eigene Lernen nachdenken

Beginn:

Ich kann
...

3

Gedanken zu meinem Lernen

... Zeitformen von Verben erkennen.

... Verben in der Gegenwart und Vergangenheit unterscheiden.

... Verben in der Vergangenheit bilden.

...

Wie hast du mit anderen Kindern zusammengearbeitet?

Ich arbeite gern mit __________ zusammen, weil ...

Manchmal arbeite ich gern allein, weil ...

4 Mit Adjektiven beschreiben

1 Schreibe zu jedem Tier zwei passende Adjektive.

weiß	schwer	gestreift	scheu	stark	schnell	gefährlich	grau

der Eisbär: schwer, gefährlich ✓

der Elefant:

der Tiger:

das Nashorn:

das Zebra:

der Löwe:

2 Erfindet Tierrätsel.
Ein Kind beschreibt ein Tier mit zwei Adjektiven. Ein anderes Kind rät.

4 Gegensatzpaare finden

P	neu		sauber
	lang		alt
	schmutzig		kurz
	breit		hell
	dunkel		schmal

1 Sieh dir an, wie **T**ommis und **P**auls Hosen sind.

a) Kennzeichne die Adjektive mit **P** oder **T**.

b) Verbinde die Gegensätze.

2 Ergänze das Gegenteil.

Was **leicht** ist, ist nicht schwer.

Was **weich** ist, ist nicht ________.

Was **warm** ist, ist nicht ________.

Was **schnell** ist, ist nicht ________.

3

Ameise | Wal | Schnecke | Elefant | Löwe

4 Adjektive anpassen

1 Verbinde jedes Nomen mit dem passenden Adjektiv.

Hut | Kuchen | Buch | Ofen | Fahrrad | Kragen

spannend | lecker | schick | stabil | warm | grün

2 Schreibe in Sätzen auf, was Lola hat. Nutze die Wörter aus **1**.

Lola hat einen schicken Hut.

Sie hat

Sie hat

3 Unterstreiche in **2** die Endungen wie im Beispiel.

4 Adjektive mit -ig und -lich kennen

1 Aus Nomen kann ich mit -**ig** oder -**lich** Adjektive bilden:
die Sonne – sonn**ig**, das Glück – glück**lich**.

2 Zu jedem Nomen passt ein Adjektiv. Verbinde.

der Schmutz | das Glück | der Friede | der Witz | der Schreck | der Durst

glücklich | schmutzig | durstig | friedlich | schrecklich | witzig

3 Schreibe die Adjektive aus **2** geordnet auf.

Adjektive mit **ig**	Adjektive mit **lich**
schmutzig ✓	

4 Ergänze zwei passende Adjektive in **3**.

5

4 Adjektive mit -ig und -lich verwenden

1 Setze die Adjektive passend ein. Dabei musst du immer ein **e** anhängen.

schrecklich	~~hungrig~~	flüssig	bissig	richtig
fettig	ängstlich	sandig	sonnig	unheimlich

der hungrige Junge

das ________ Fleisch

die ________ Lösung 

 das ________ Wetter

der ________ Fremde

 die ________ Seife

das ________ Monster

 der ________ Hund

der ________ Strand

 die ________ Maus

2 Ergänze bei den Wörtern **ig** oder **lich**.

glücklich	gefähr____	freund____	flüss____
biss____	unheim____	hungr____	sand____
richt____	schreck____	fett____	sonn____

4 Mit Adjektiven vergleichen

1 **Mit Adjektiven** kann ich Menschen oder Dinge **vergleichen.**
Adjektive haben eine **Grundstufe** und **zwei Vergleichsstufen.**

Nick ist **groß.** (Grundstufe)
Lena ist **größer als** Nick. (1. Vergleichsstufe)
Franjo ist **am größten.** (2. Vergleichsstufe)

2 Sieh dir die Bilder an. Schreibe auf, was die Kinder über sich sagen.

a)

b)

a) Ali: Ich bin <u>schnell</u>.
Thea: Ich bin
Tom:

3 Unterstreiche in 2 die Adjektive und die Vergleichsstufen.

4 Vergleichsstufen von Adjektiven ordnen

Manchmal verändern sich die Formen: hart, härter, am härtesten.

1 Immer drei Formen gehören zusammen.
Markiere sie farbig.

schwer	am härtesten	gut	am besten	älter
am kältesten	härter	am ältesten	am schwersten	
alt	kälter	besser	hart	schwerer	kalt

2 Trage die Formen aus 1 in die Tabelle ein.

Grundstufe	1. Vergleichsstufe	2. Vergleichsstufe
schwer ✓	schwerer ✓	

3 Finde drei weitere Adjektive und ergänze die Tabelle in 2.

4 Vergleichsstufen von Adjektiven verwenden

1 Besprecht, wann man mit **als** und wann man mit **wie** vergleicht.

Wer ist wer?

Jana ist **größer als** Kai.
Mika ist **so groß wie** Jana.
Laya ist **noch größer als** Mika.
Kamil ist **am größten.**

2 Schreibe Sätze mit Vergleichen,
zum Beispiel **kleiner als** oder **so hoch wie …**

Der Turm ist höher als der Baum.

Der Baum ist so hoch wie

3 Unterstreiche die Vergleichswörter in 2.

4 Zusammengesetzte Adjektive bilden

1 Bilde zusammengesetzte Adjektive.

● Schnee + weiß

schneeweiß

● Stein + hart

● Feder + leicht

● Eis + kalt

● Zucker + süß

● Gras + grün

● Haus + hoch

● Messer + scharf

2 Schreibe Sätze mit den zusammengesetzten Adjektiven aus **1**.

Das Wasser ist eiskalt.

4 Zusammengesetzte Adjektive und Nomen erkennen

1 Lies den Text mehrmals.

Die Sage von der Burg Reußenstein

Der baumlange Riese Heim wollte eine Burgfestung bauen. Da rief er mit ohrenbetäubender Stimme ins Tal: „Wer von euch Menschenzwergen will mir helfen, eine Burg zu bauen?“ Es kamen zahlreiche Handwerker und nahmen die schwere Arbeit freudig auf, denn der steinreiche Riese versprach reichlichen Lohn. Bald stand auf dem Felsgestein eine riesengroße Burg. Nur am winzigkleinen Klappfenster im haushohen Aussichtsturm fehlte noch ein Nagel.
Der hochherzige Riese versprach dem Mann, der den Nagel einschlagen könnte, besonders reichen Lohn. Alles staunte, als ein todesmutiger Mann es wagte, den Eisennagel einzuschlagen.
Der großzügige Riese beschenkte den blutjungen Mann mit viel Gold und Silber.
So war er reich sein Leben lang.

2 Findet in 1 die zusammengesetzten Wörter und unterstreicht sie:
Nomen blau,
Adjektive grün.

4 Über das eigene Lernen nachdenken

Beginn:

Ich kann
...

4

Gedanken zu meinem Lernen

... mit Adjektiven beschreiben.

... Gegensatzpaare finden.

... Adjektive anpassen.

... Adjektive mit -ig und -lich kennen.

... Adjektive mit -ig und -lich verwenden.

... mit Adjektiven vergleichen.

... die Vergleichsstufen von Adjektiven ordnen.

... zusammengesetzte Adjektive bilden.

... zusammengesetzte Adjektive und Nomen erkennen.

Es gelingt mir gut, sorgfältig zu schreiben, wenn ...

Wie sorgfältig hast du gearbeitet?

Wenn ich meine Schrift betrachte, denke ich ...

5 Aussagesätze erkennen

1 Nach einem **Aussagesatz** steht ein **Punkt:**
Heute ist es kalt.

2 Lies den Text und mache nach jedem Satz einen Strich.

Der See ist zugefroren | Die Kinder freuen sich Einige fahren mit Schlittschuhen Tim ist gerade hingefallen Zum Glück ist nichts passiert Schnell lacht Tim wieder Er muss noch viel üben

3 Schreibe die sieben Aussagesätze aus 2 auf.
Denke an die Großschreibung am Anfang und an den Punkt am Ende.

Der

4 Lies den Text einem Kind vor.
Mache eine kleine Pause nach jedem Satz.

5 Fragesätze und Ausrufesätze erkennen

1 Nach einer **Frage** steht ein **Fragezeichen:** Wie alt bist du?
Nach einer **Aufforderung** oder einem **Ausruf** steht ein **Ausrufezeichen:**
Beeilt euch!

2 Male die Sprechblasen mit Fragesätzen gelb an.
Ergänze die Fragezeichen.

3 Setze in 2 Ausrufezeichen nach den Ausrufen.

4 Schreibe weitere Aufforderungen oder Ausrufe auf.

5 Fragesätze bilden

1 Ergänze die Fragewörter und die Fragezeichen.

Was | Wer | Wo | Wie | Wohin

Wer ______ kommt mit zum See ___

______ ist meine Brille ___

______ fahren wir in den Ferien ___

______ wollen wir machen ___

______ geht es dir ___

2 Schreibe die Fragen aus **1** mit den passenden Antworten auf.

Ich komme mit. | Sie liegt hier. | Mir geht es gut. | Wir fahren ans Meer. | Wir wollen basteln.

Wer kommt ______

______

______

______

______

______

______

______

5 Bei Aufzählungen Kommas setzen

1

Wenn Wörter aufgezählt werden, dann muss ich **Kommas** setzen.
Ich packe meine Tasche und nehme
eine Mütze, eine Sonnenbrille, Handschuhe und ein Buch mit.

2

3 Schreibe zehn Dinge auf, die du auf die Reise mitnehmen willst.

Ich nehme

5 Über das eigene Lernen nachdenken

Beginn:

Ich kann …

5

Gedanken zu meinem Lernen

… Aussagesätze erkennen.

… Fragesätze und Ausrufesätze erkennen.

… Fragesätze bilden.

… bei Aufzählungen Kommas setzen.

…

Wie schätzt du deinen Lernerfolg ein?

Über diese Lernfortschritte freue ich mich sehr: …

Ich möchte mich noch … verbessern.

6 Die wörtliche Rede kennenlernen

1 Was gesprochen wird, nennt man **wörtliche Rede.**
Davor stehen **Anführungszeichen** unten, danach stehen sie oben.
„Ich verstehe nicht, warum ich Englisch lernen soll."

2 Lies die Witze.

Vater und Sohn

Sohn: „ Ich verstehe nicht,
warum ich Englisch lernen soll.

Vater: Aber Kind, die halbe Welt spricht Englisch!

Sohn: Ja, eben! Genügt das nicht?

David und der Hund

David: Würden Sie den Hund mal streicheln?

Frau: Aber gern. Du magst den Hund sicher sehr.

David: Das ist doch nicht mein Hund.
Ich wollte nur wissen, ob er beißt!

Zwei Hennen

Sagt die eine Henne zur anderen: Letzte Nacht hatte ich mindestens 40 Grad Fieber.

Fragt die andere: Woher weißt du das?

Meint die erste: Heute Morgen hab ich ein gekochtes Ei gelegt.

3 Ergänze in 2 alle Anführungszeichen.

4 Wähle zwei Witze von Seite 50 aus.
Schreibe sie ab.

5 Prüfe, ob du an alle Anführungszeichen gedacht hast.
Markiere sie gelb.

6 Einen Redebegleitsatz verwenden

1 Im **Redebegleitsatz** steht, **wer** spricht.
Nach dem Redebegleitsatz steht ein **Doppelpunkt**.
Marie ruft: „Das war ein Tor!“

2 Sieh dir das Bild an. Lies die Sätze.

3 Schreibe auf, was der Schiedsrichter schreit.

Der Schiedsrichter schreit:

6

4 Schreibe die Ausrufe aus 2
als wörtliche Rede auf.

Uli schreit | Max jammert | Tim fragt | Mia denkt | Niko schimpft | Marie ruft | Tarek …

Marie ruft: „

5 Unterstreiche die Redebegleitsätze in 4.
Markiere die Anführungszeichen und die Doppelpunkte gelb.

6 Redebegleitsatz und wörtliche Rede erkennen

1 Lies den Text.

Es treffen sich zwei Spatzen.

Fragt der eine: „Was sollen wir unternehmen?"

Darauf der andere: „Lass uns zum Bodensee fliegen."

Fragt der erste: „Wo treffen wir uns?"

Meint sein Freund: „Auf der Eiche am Hafen."

Darauf der erste: „Gut, flieg schon mal voraus,
ich hab noch was zu erledigen."

Der eine Spatz fliegt zum Treffpunkt. Endlich, nach drei Stunden,
trifft sein Freund ein. Er fragt: „Wo warst du so lange?"

Da meint der andere Spatz: „Ach, ich dachte,
bei dem schönen Wetter gehe ich zu Fuß."

2 Unterstreiche in **1** die Redebegleitsätze.
Markiere die Doppelpunkte und die Anführungszeichen gelb.

3 Lest den Text
mit verteilten Rollen.

6

4 Schreibe den Text von 1 ab.

STOPP

Es treffen sich zwei Spatzen.

Fragt der eine: „

5 Unterstreiche die Redebegleitsätze in 4.
Markiere die Doppelpunkte und die Anführungszeichen gelb.

6 Über das eigene Lernen nachdenken

Beginn:

Ich kann …

6

Gedanken zu meinem Lernen

… wörtliche Rede erkennen.

… Redebegleitsätze erkennen.

… Redebegleitsätze verwenden.

… Sätze mit wörtlicher Rede schreiben.

…

Was hat dir beim Lernen geholfen?

Leicht fand ich, dass …

Manche Aufgaben fand ich schwierig, z. B. …

Satzglieder kennenlernen

1 Ein Satz hat mehrere Satzteile. Man nennt sie **Satzglieder.**
Satzglieder können aus **einem Wort** oder **mehreren Wörtern** bestehen.

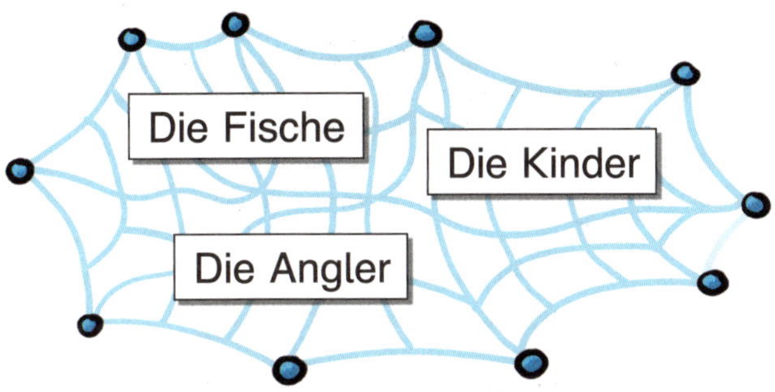

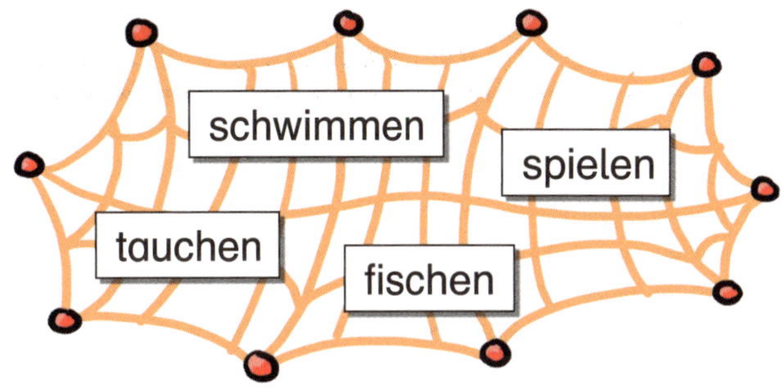

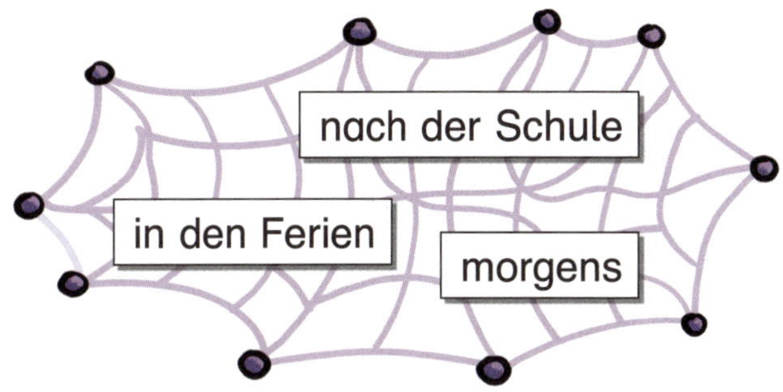

2 Bildet Aussagesätze nach diesen Mustern.
Schreibt drei Sätze auf.

a) 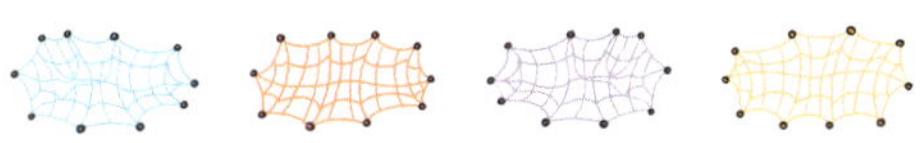

b) 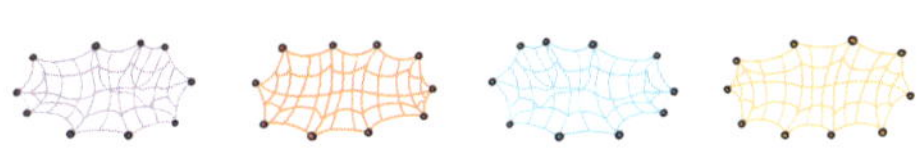

c) 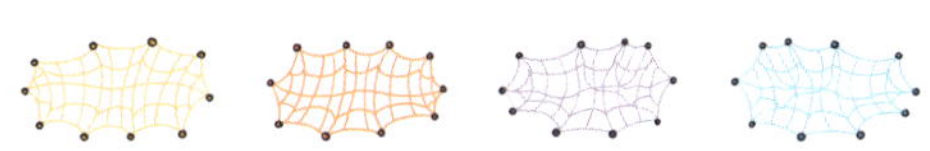

a)

b)

c)

7 Satzglieder umstellen

1 Die Wörter eines Satzgliedes bleiben beim Umstellen zusammen.

Paulina und Jana	gehen	heute	in den Zoo.
Heute	gehen	**Paulina und Jana**	in den Zoo.
In den Zoo	gehen	heute	**Paulina und Jana.**

2 Stelle die Satzglieder um.

Denke an den Punkt am Ende des Satzes.

1 Wir | gehen | morgens | zur Schule | .

Morgens

2 Die Kinder | warten | auf den Bus | .

Auf den Bus

3 Der Lehrer | backt | mit den Kindern | Brot | .

Mit den Kindern

4 In der Pause | trinken | die Kinder | Kakao | .

5 Bald | gibt | es | Ferien | .

6 Viele Kinder | fahren | dann | in den Urlaub | .

7

3 Sucht einen Satz aus und schreibt ihn auf einen langen Papierstreifen.
Schneidet die Satzglieder auseinander.

Paulina und Jana | gehen | heute | in den Zoo.

Die Mädchen | besuchen | am liebsten | die Affen.

Später | beobachten | beide | die Seehunde.

Jana und Paulina | spazieren | danach | zu den Pinguinen.

Zum Abschluss | essen | sie | im Café | ein Eis.

4 Verschiebt die in 3 ausgeschnittenen Satzglieder.
Bildet so viele Sätze wie möglich.

5 Klebt einen Satz aus 4 auf. Denkt an das Satzzeichen.
Stellt euch gegenseitig eure Ergebnisse vor.

7 Nach dem Subjekt fragen

1

Das **Subjekt** ist ein **Satzglied.**
Es sagt, **wer** oder **was** etwas tut.
Nach dem **Subjekt** frage ich mit **Wer ...?** oder **Was ...?**.
Alle Kinder freuen sich.
Wer freut sich? **Alle Kinder.**
Das Wetter ist sonnig.
Was ist sonnig? **Das Wetter.**

2 Schreibe zu jedem Satz die Frage nach dem fett gedruckten Subjekt auf.

1 **Alle Kinder** freuen sich auf die Ferien.

Wer freut sich auf die Ferien?

2 Seit Wochen ist **das Wetter** sonnig.

Was ist

3 In der Pause spielen **alle** im Freien.

4 **Die Lehrerin** holt die Bücher.

5 Im Schulhof macht **die Lehrerin** ein Foto.

6 In der letzten Stunde singt **der Chor**.

7 Nach dem Prädikat fragen

1 In jedem Satz gibt es auch ein **Prädikat.**
Es sagt aus, **was jemand tut** oder **was geschieht.**
Die Zuschauer jubeln.
Was tun die Zuschauer? Sie **jubeln**.
In der Pause regnet es.
Was geschieht in der Pause? Es **regnet**.

2 Schreibe zu jedem Satz die Frage nach dem fett gedruckten Prädikat auf.

1 Das Fußballspiel **beginnt** am Nachmittag.

Was geschieht am Nachmittag?

2 Die Zuschauer **jubeln.**

Was tun

3 Der Schiedsrichter **pfeift** das Spiel **an.**

4 In der Pause **regnet** es.

5 Ein Spieler **rutscht aus.**

6 Zum Schluss **fallen** zwei Tore.

7 Subjekt und Prädikat erkennen

1 Hier kannst du die Teile eines Märchens bestimmen.
Wähle immer ein Kärtchen aus und male es gelb an.

Vor langer Zeit lebte einst

ein Bauer | ein Prinz | ein König .

Ganz allein wohnte er

in einem Schloss | in einer Hütte | in einem Stall .

Eines Tages

fand er | stahl er

einen Schatz | einen Stein | einen Ring .

Die

junge Prinzessin | kluge Fee | Zauberin

lachte | schimpfte | weinte sehr .

Sie wollte ihn nicht

heiraten | verzaubern | küssen .

Da packte er alles

in eine Kiste | in eine Tüte | in eine Kutsche .

Er

fuhr | verschwand | rannte

in den Wald | auf einen Berg | in eine Höhle .

Und wenn er nicht gestorben ist, dann lebt er dort noch immer.

2 Lies dein Märchen einem Kind vor.

3 Schreibe dein Märchen von Seite 62 auf.

Vor langer Zeit lebte einst

4 Unterstreiche in 3 alle Subjekte und Prädikate.

7 Subjekt und Prädikat verwenden

1 Sieh dir das Bild an. Verbinde passend.

Die Kinder	springt Seil.
Marie	spielen in der Halle.
Drei Kinder	kriecht durch die Bank.
Tom	halten ein Tuch.
Einige Jungen	holen die Bälle.

2 Schreibe die Sätze aus 1 auf.

STOPP

Die Kinder

3 Unterstreiche in 2 alle Subjekte und Prädikate.

7 Über das eigene Lernen nachdenken

Beginn:

7

Gedanken zu meinem Lernen

... Satzglieder umstellen.

... nach dem Subjekt fragen.

... nach dem Prädikat fragen.

... Subjekt und Prädikat erkennen.

... Subjekt und Prädikat verwenden.

Ich hatte noch folgende Idee: ...

Dies sind meine Lieblingsaufgaben: ...

8 Sich in verschiedenen Sprachen begrüßen

Hello!
How are you?

Salut!
Bonjour!

Ciao!
Buon giorno!

Merhaba!
Iyi günler!

Do you want to play with me?
Yes, of course.

Tu veux jouer avec moi?
Oui, bien sûr.

Vuoi giocare con me?
Si, certo.

Benimle oynarmisin?
Evet.

1 Erforscht verschiedene Sprachkärtchen.
Ihr könnt:

- die Sprache bestimmen,
- euch über die Aussprache informieren,
- euch begrüßen und ansprechen,
- neue Wörter lernen,
- die Bedeutung in unsere Sprache übersetzen,
- die Sprachen vergleichen,
- weitere Sprachen ergänzen.

Eine Bilderschrift erproben

Die Indianer verständigten sich mit Zeichen und Bildern.

1 Male drei Zeichen ab.

2 Schreibe in 1 die Bedeutungen zu den Zeichen.

8 Eine Bilderschrift erfinden

1 Erfinde eigene Zeichen und notiere, was sie bedeuten.

2 Schreibe eine Nachricht in Bilderschrift auf.
Du kannst dazu deine Zeichen und die Zeichen von Seite 67 verwenden.

3 Lass ein Partnerkind deine Nachricht lesen.

8 Briefumschläge genau lesen

1. Sieh dir den Umschlag genau an. Beantworte die Fragen.

a) Wie viel hat die Briefmarke gekostet? ____________________

b) Wann wurde der Brief abgeschickt? ____________________

c) Aus welchem Land kommt der Brief? ____________________

2. Gestalte selbst einen Briefumschlag mit Empfänger, Absender und deiner Briefmarke.

8 Bezeichnungen für Tiere sammeln

1 Markiert alle Bezeichnungen für die Katze blau und für den Hasen grün.

Mulle | Karnickel | Bunny | Mieze | Hoppel | Kätzle | Stubentiger

Kaninchen | Katerle | Langohr | Katze | Meister Lampe

2 Sucht euch ein Tier aus.
Gestaltet dazu ein Poster.
Stellt der Klasse euer Poster vor.

8 Über das eigene Lernen nachdenken

Beginn:

Ich kann …

8

Gedanken zu meinem Lernen

… Begrüßungen in verschiedenen Sprachen untersuchen.

… eine Bilderschrift erproben.

… eine Bilderschrift erfinden.

… Briefumschläge genau lesen.

… Bezeichnungen für Tiere sammeln.

Sieh dein grünes Heft noch einmal durch. Nutze die Ideen aus allen Lernportionen.

Einsterns Schwester 3

leicht gemacht

Themenheft 1
Sprachgebrauch und Sprache untersuchen und reflektieren

Herausgegeben von: Roland Bauer, Jutta Maurach

Erarbeitet von: Martina Schramm, Annette Schumpp, Jutta Sorg

Auf der Grundlage der Ausgabe von: Annette Rothfuß

Fachliche Beratung exekutive Funktionen: Dr. Sabine Kubesch, INSTITUT BILDUNG plus, im Auftrag des ZNL TransferZentrum für Neurowissenschaften und Lernen, Ulm

Redaktion: Martina Schramm, Sabine Gerber

Illustration: Yo Rühmer, Frankfurt am Main

Umschlaggestaltung: Cornelia Gründer, agentur corngreen, Leipzig

Layout und technische Umsetzung: lernsatz.de

fex

fex steht für *Förderung exekutiver Funktionen.* Hierbei werden neueste Erkenntnisse der kognitiven Neurowissenschaft zum spielerischen Training exekutiver Funktionen für die Praxis nutzbar gemacht. **fex** wurde vom **ZNL TransferZentrum für Neurowissenschaften und Lernen** *(www.znl-ulm.de)* an der Universität Ulm gemeinsam mit der **Wehrfritz GmbH** *(www.wehrfritz.com)* ins Leben gerufen. Der Cornelsen Verlag hat in Kooperation mit dem ZNL ein Konzept für die Förderung exekutiver Funktionen im Unterrichtswerk *Einsterns Schwester* entwickelt.

www.cornelsen.de

1. Auflage, 2. Druck 2020

Alle Drucke dieser Auflage sind inhaltlich unverändert und können im Unterricht nebeneinander verwendet werden.

Druck: AZ Druck und Datentechnik GmbH, Kempten

ISBN 978-3-06-084373-2
ISBN 978-3-06-084378-7 (E-Book des Pakets „Einsterns Schwester 3 leicht gemacht")

Dieses Heft ist Bestandteil des Pakets „Einsterns Schwester 3 leicht gemacht" (ISBN 978-3-06-084372-5) und kann auch einzeln bestellt werden.

PEFC zertifiziert
Dieses Produkt stammt aus nachhaltig bewirtschafteten Wäldern und kontrollierten Quellen.
www.pefc.de
PEFC
PEFC/04-31-2260